新学習指導要領対応

教えて考えさせる授業 中学校

市川伸一【編】

図書文化

まえがき

　多くの先生方のご協力のもと，中学校における「教えて考えさせる授業」の実践事例集が出版されることになったのは，編者としても実にうれしいことである。

　もともと，「教えて考えさせる授業」は，小学校高学年から中学生・高校生くらいを念頭においた授業論であった。思春期と言われるこの時期，それまでの反復習熟に頼った学習から，意味理解や思考過程をより重視した学習へと脱皮する必要が出てくる。児童・生徒の発達段階から見ても，予習，説明活動，相談活動，自己評価などがスムーズに行えるようになってくる。「教えて考えさせる授業」の理論的背景である認知心理学は，まさにこの時期からの学習を研究対象としたものと言える。

　ところが，「教えて考えさせる授業」が提唱されてから約10年の間，中学校よりも小学校で先行する形で実践が進められた。それにはいくつかの理由が考えられる。

　第一に，「教えて考えさせる授業」が「教えずに考えさせる授業」と対比されたために，むしろ小学校にインパクトが大きく，中学校や高校ではあまり新鮮なものとしてとらえられなかったことがあろう。しかし，ここには誤解がある。確かに，「教える場面」「考えさせる場面」を設けるのは，中学校・高校では当たり前かもしれないが，「教えて考えさせる授業」の4段階（教師からの説明，理解確認，理解深化，自己評価）をきちんと取り入れた授業はそう見当たらないからである。さらに，予習を組み込んだ授業となると，ほとんどないと言ってもよいくらいである。

　そのことがわかると，「教えて考えさせる授業」に共感し，興味をもってくださる先生は多いのだが，中学校・高校での導入には第二の関門がある。それは，教科間の壁が厚く，学校全体のテーマとして取り組む体制がなかなかとれないことである。小学校であれば，仮に算数だけで行うとしても全校テーマになりうるし，他教科に広がっていくときも，教師全員がお互いに関心をもちあって授業づくりや協議会に取り組める。しかし，教科担任制のとられる中学・高校ではこれが難しい。

　本書は，そうした困難を乗り越えて，「教えて考えさせる授業」を追究してきた中学校の教員の実践事例集である。それぞれの授業の中には，実際に行われたものへの反省を加味して多少修正したものもあることはお断りしておかなくてはならない。ただし，

それだけに，より実施しやすい指導案になっているはずである。これらの授業をヒントに，どの生徒たちも充実感，達成感を味わえるような「教えて考えさせる授業」にチャレンジしていただけることを編者として願ってやまない。

　最後になってしまったが，本書の企画と編集にあたって，図書文化社の大木修平さんには，全面的にお世話になった。大木さんは，「教えて考えさせる授業」の最もよき理解者の一人として，各地の公開授業研究会にも参加してくださり，毎年行われる「教えて考えさせる授業」セミナーの運営にも中心メンバーとして関わってくれている。この場であらためて御礼を申し上げたい。

2012年3月3日
編者　市川伸一

新学習指導要領対応
教えて考えさせる授業 ● 中学校 ●

まえがき

第1章 「教えて考えさせる授業」とは何か（市川伸一）
 1　「教えて考えさせる授業」とは …………………………… 8
 2　「理解」を大切にした授業 ……………………………… 9
 3　授業の設計と展開における工夫 ……………………… 10
 4　学校現場からの声 …………………………………………11

第2章 「教えて考えさせる授業」の実際
 解説：各教科における「教えて考えさせる授業」のあり方（市川伸一）…………… 14

▼数学
 正負の数／加法と減法　加減の混じった計算（佃拓生）………………………… 20
 平面図形／基本の作図　割れたお皿の大きさを比べるには？（吉本祐）……… 24
 多角形の内角の和　定理や公式の意味を説明できるか？（床勝信）…………… 28

▼理科
 力の働き　ばねを引く力とばねののびにはどのような関係があるか？（松本香樹）…… 32
 物質の状態変化　赤い水とエタノールの混合物から，
  エタノールだけをうまく取り出そう（藤枝昌利）………………………………… 36
 化学変化と原子・分子　原子の記号を使って化学変化を表現する（小松寛）………… 40

▼国語
 言葉の特徴やきまり　言葉の単位（八方真治）……………………………………… 44
 グループ・ディスカッション　自分の意見を組み立てよう（伊勢博子）……………… 48
 伝統的な言語文化（古典）　俳句づくりにむけて（藤川和孝）……………………… 52

▼社会
 日本の諸地域／中国・四国地方　本州四国連絡橋の無料化は，
  四国にとってプラスか？（澤口良夫）………………………………………………… 56
 江戸幕府の政治　「田沼の政治」は失敗か？（藤山英人）………………………… 60
 私たちと経済　財政の働き（岡本千尋）……………………………………………… 66

目次

▼英語
- 一般動詞の疑問文，応答文，否定文　クラスメイトにインタビュー！（久保田千晶）…70
- 不定詞の形容詞的用法　他用法との区別から理解を深めさせる（元成幸恵）……74
- 関係代名詞 that　夢の新商品を売り込もう（橋爪祐一）……78

▼音楽
- 表現・創作　作曲に挑戦！　動機の反復・変化・対照など，「音楽のつくり」を生かして（岡本礼）……82
- 鑑賞　「魔王」を聴く（西澤真一）……86

▼美術
- 絵画（人物画）　友達の絵を描く（北沢孝太郎）……90
- デザイン（立体構成）　イメージするオリジナルオブジェをつくろう（山本勝彦）……94

▼保健体育
- ダンス　現代的なリズムのダンス（田中耕史）……97
- 陸上競技　ハードル走（村松正博）……101

▼技術・家庭
- 設計　立体を平面に表すには？（坂本大）……105
- 食生活と自立　栄養バランスのとれた献立をつくる（楢府暢子）……109

第3章　「教えて考えさせる授業」を充実させる取り組み
1. 「三面騒議法」で協議会を活性化する（市川伸一）……114
2. 指導と評価を連動させる定期テストの改善（床勝信）……119
3. 授業を通して教科横断的な学習スキルを育てる（植阪友理）…129

第 1 章

「教えて考えさせる授業」とは何か

市川伸一

1 「教えて考えさせる授業」とは

かつて、偏差値教育と言われた「教え込み・詰め込み」の時代、1990年代の「ゆとり教育」の時代、そして2000年前後の学力低下論争を経て、教育界はいま新しい局面に入っている。その中で、「習得と探究」、「教えて考えさせる」といったフレーズが2005年以降、中教審答申の中で幾度かとりあげられるようになり、2008年3月に告示された学習指導要領にもつながって浸透しつつあるのは、ありがたいことだと思っている。

私自身がこれらの言葉を使いだしたのは、2001年ごろであり、学校や教育委員会での講演、中教審の会合、教育雑誌の記事などでたびたび用いてきた。図1に表したように、学校の授業には、目標となる知識や技能を身に付ける「習得サイクルの学習」と、自らの興味・関心に応じて課題を設定し、それを追究する「探究サイクルの学習」がある。

習得サイクルの授業では、授業目標を設定し、教材研究を行い、課題を与えるのはあくまでも教師である。一方、探究の授業では、子ども自身が課題を決めて、計画を立て、遂行していく。教師はそれを支援する役割になる。ただし、それぞれのサイクルの学習は、相互に独立して動くものではない。習得サイクルで得た知識や技能が、探究サイクルにおいて生かされ、また逆に、探究サイクルの学習を行っていると、あらためて基礎基本的な知識・技能の必要性に気づいて、習得サイクルの学習に戻る、というリンク（結びつき）が大切である。

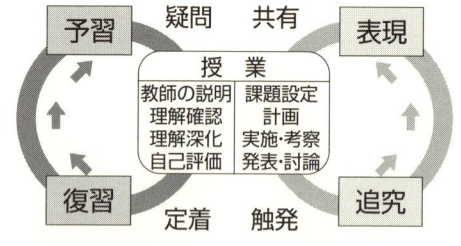

図1　習得と探究の学習モデル

また、どちらのサイクルの学習も、学校の授業だけで完結するものではない。学習のかなめが授業だとしても、学年が進むにつれて、予習して疑問をもって授業に臨むこと、復習で定着をはかることなどが伴わないと、満足な学習は行えない。探究の学習にしても、自ら生活の中で情報を収集したり、考察して表現したりすることなしに深まるものではない。その上で、習得の授業においては、「教師の説明」「理解確認」「理解深化」「自己評価」という4段階で進めることを授業設計の原理として提案したのが「教えて考えさせる授業」である。

けっして、授業のすべてをこの原理で行うべきであるという主張ではないのだが、そう受け止めて批判する教育関係者や、「教えて考えさせる」というフレーズ自体に反発する教員もいるだろうということは承知していた。1990年代に、「教える」という言葉

（そして行為）は，極めて悪いイメージをもたされた。教師の役割は教えることではなく，「学びの支援だ」というしだいである。とくに，問題解決型の教科といわれる算数・数学や理科ではそれが強かった。これは，私から見ると，探究型の授業スタイルを無理やり拡張して習得をはかろうとする，無謀な教育論に思えた。「既習事項をもとに未習の内容を発見的に獲得できる」という生徒がそういるはずもなく，また，学力の高い生徒は塾や予習で先取り学習をしていることもあり，学校では名目的に未習となっている内容を1時間えんえんと考えさせる授業は退屈だと言いだすことになる。

個人差の大きな公立の学校で，「先取り学習をしている子どもに足踏みさせない」，「学力の低い子どもも，基礎的なことが理解でき，高いレベルの問題解決や討論に参加できる」。そんな魔法のような方法があるのか，と思われるかもしれないが，「教えて考えさせる授業」は，まさにそれを正面からめざしている。それは，すべてを自力解決にゆだねるのではなく，教科書に解説されていることや，答えの出ている例題はいわゆる「受容学習」として教えた上で，それを理解確認し，さらに，理解深化で発見的な問題解決学習に取り組むという，シンプルな原理でこそ可能になる。

2 「理解」を大切にした授業

上記の4段階を意識した授業展開になっていることが，「教えて考えさせる授業」の定義ともいえる基本的な特徴である。すでに述べたように，「未習内容を教えてしまうなど，とんでもない」という反発がある一方，「それはあたり前だ。とっくにやっている」という意見もよくある。確かに，教師が解説し（つまり，教えて），問題を解かせる（考えさせる）というのは，昔からよく見られる授業スタイルである。

しかし，教師が解説したあとで，それが本当に生徒に理解されたのかという「理解確認」や，授業がひととおり終わったあとに，何がわかり，何がわからなかったのかを「自己評価」として行っているのは，ほとんど見たことがない。とりわけ，授業中の表情や発言があまり豊かでなくなる中学校や高校で，教師が生徒の理解度を確認するのは，いきおいテストのときだけになってしまい，日々の授業で教師が生徒の理解度をチェックする機会や，生徒自身が自分の理解度をモニターするような機会はほとんど設けられていないのが実態ではないだろうか。

「教えて考えさせる授業」の背景にあるのは，私自身が研究室で行ってきた子どもへの学習相談活動（「認知カウンセリング」と呼ばれる）と，認知心理学の理論である。相談に来るのは「授業がさっぱりわからない。家で勉強してもわかるようにならない」

という子どもたちだ。とくに，小学校の高学年くらいから，内容が高度で，学習内容も増えてくると，「わからない」という悩みが急増する。

　私たちが大切にしたいのは，「理解」にほかならない。理解できなければおもしろくない。理解できなければ，すぐ忘れてしまう。理解できなければ，応用的な問題も解けない。勉強の苦手な子どもにとっては，教師の説明がわかるだけでもまず素直にうれしいものだ。それを，「人に教えてもらってわかるのは，受け身の学習だ」などと言わずに，まず認めた上で，それをもとに自分で考える課題に取り組むという，ごく自然な考え方に立っている。

3　授業の設計と展開における工夫

　外からの情報を理解して取り込むという「受容学習」をしてから，その知識を生かして「問題解決学習」に取り組み，全体として理解を促進するというのは，大学生，社会人，さらには，教師も，科学者も皆行っている学習行動なのである。ただし，そのために授業で重要なのは，理解を促すための教師からの説明の工夫や，生徒の学習行動の組織化，そして，理解診断の場面をどのように設けるかということである。これらが，従来の解説型の授業でも，討論型の授業でも，弱かったのではないかと私はつねづね思っていた。討論型の授業で一部の子どもたちが活発に発言していても，他の子どもたちの理解状態を把握する手立てはとられていないことがほとんどである。

　次ページの表1は，「教えて考えさせる授業」の4段階において，どのような方針で，具体的にどのような教材，教示，課題をつくるかという私自身の覚え書のようなものである。「教えて考えさせる授業」というからには，「段階レベル」（予習は必須ではないので，カッコ書きになっている）は意識してほしいし，指導案にも段階区分を書き入れてほしい。「方針レベル」や「教材・教示・課題レベル」は，教師によっていろいろなバリエーションがありうるだろう。だから，「教えて考えさせる授業」によって授業が画一的になるなどという批判はまずあたらない。実際，同じ単元の同じ内容の授業でも，多様な授業がなされている。これは，「起承転結」という枠組みに沿っていても，4コマ漫画や小説が画一的にはならないのと同様で，「教えて考えさせる授業」というのは，それくらい広い枠組みなのである。

　ただし，コンセプトとして大切にしてほしいのは，「理解」を大切にした授業だということだ。それがないと，形骸的な授業に堕してしまうリスクがつきまとう。もちろん，どんな授業スタイルでも同様である。「教えて考えさせる授業」は，その趣旨を喚

表1 「教えて考えさせる授業」構築の3レベル

段階レベル	方針レベル	教材・教示・課題レベル
教える		
（予習）	授業の概略と疑問点を明らかに	・通読してわからないところに付箋を貼る ・まとめをつくる／簡単な例題を解く
教師からの説明	教材・教具・説明の工夫	・教科書の活用（音読／図表の利用） ・具体物やアニメーションによる提示 ・モデルによる演示 ・ポイント，コツなどの押さえ
	対話的な説明	・代表生徒との対話 ・答えだけでなく，その理由を確認 ・挙手による，賛成者・反対者の確認
考えさせる		
理解確認	疑問点の明確化	・教科書やノートに付箋を貼っておく
	生徒自身の説明	・ペアやグループでお互いに説明
	教えあい活動	・わかったという生徒による教示
理解深化	誤りそうな問題	・経験上，生徒の誤解が多い問題 ・間違い発見課題
	応用・発展的な問題	・より一般的な法則への拡張 ・生徒による問題づくり ・個々の知識・技能を活用した課題
	試行錯誤による技能の獲得	・実技教科でのコツの体得 ・グループでの相互評価やアドバイス
自己評価	理解状態の表現	・「わかったこと」「わからないこと」

起するためにこそ，「理解確認」や「理解深化」といった段階のラベルをつけている。理解確認は，説明活動や簡単な課題でよいので，学習者の行動からチェックしてほしいし，理解深化は単なるドリルによる反復習熟ではなく，「なるほど。そういうことだったのか」と思える問題を用いてほしい。

4　学校現場からの声

「教えて考えさせる授業」は，4段階に沿って授業計画を立てることで，「習得目標は何か」「何をどう教えるか」「理解状態をどう診断するか」「より深い理解のためにどういう課題を設けるか」「自己評価はどうであり，次の授業にどう生かすか」がいやでも意識される。これが，初任者でも授業が組み立てやすく，ベテランならさらに奥の深い授業になると言われるゆえんである。また結果として，子どもからは，「よくわかる」「やりがいがある」「おもしろい」と言われる授業になり，意欲も向上することになる。

第2章の事例では，中学校の先生方が，そのような授業の様子を描いてくださっている。中学校の場合，学校で取り組むとなると全教科での体制を作ることとなるので，導入のしきいは高い。しかし，「教えて考えさせる授業」は，教科を越えた枠組みであるため，実践校では，導入をきっかけに，教科を越えて指導案検討や授業後の協議会で活発なやりとりができるようになったという声をよく聞く。とくに，教師の説明のしかたや，理解確認のしかたには，教科を越えて使える指導技術があり，それがお互いに参考になることが多いという。また，理解深化課題も，教科や校種を越えてアイデアを出し合うことが，お互いの指導レパートリーを広げることにつながっているという。

　「教えて考えさせる授業」は，公開研究会のときだけに行う授業ではない。あくまでも，「普段着の授業」をめざしたものである。同時に，研究会でもまったく見劣りのしない授業になりうる。教師の教える工夫の先にある，生徒たちのわかる喜び，高度な問題解決への取り組み，協同学習への意欲的な参加などを見ていただければ，これが授業のオーソドックスな姿であり，原点であることがわかってもらえるであろう。今後のさらなる展開に期待したい。

※本稿は，「『教えて考えさせる授業』を展望する」（連載「教えて考えさせる授業の実践」第5回）『指導と評価』（図書文化，2010年12月号）を加筆修正したものである。

参考文献・資料
■書籍
市川伸一著　『学力低下論争』（ちくま新書，2002年）
市川伸一著　『学ぶ意欲とスキルを育てる－いま求められる学力向上策－』（図書文化，2004年）
市川伸一著　『「教えて考えさせる授業」を創る』（図書文化，2008年）

■雑誌
連載「教えて考えさせる授業の実践」，『指導と評価』（図書文化，2010／7～12）
連載「『教えて考えさせる授業』をめぐって」，『現代教育科学』（明治図書，2011／4～2012／3）

■授業ビデオ
市川伸一監修　『DVD版　教えて考えさせる授業　小学校』（全3巻，制作：ジャパンライム，販売：図書文化，協力：貝塚市教育委員会，貝塚市での講演および国語，算数，社会，理科の授業を収録，2010年）

■情報ページ（市川研究室）
http://www.p.u-tokyo.ac.jp/lab/ichikawa/ok-toppage.html

第 2 章

「教えて考えさせる授業」の実際

解説 ● **各教科における「教えて考えさせる授業」のあり方**

市川伸一

1 「教えて考えさせる授業」の原型としての実技教科

「教えて考えさせる授業」は，習得の授業のスタンダードとして提案されたものであり，習得の授業とは，目標となる知識・技能が明確に設定された授業のことである。したがって，目標となる知識・技能があまり明確でない場合には「教えて考えさせる授業」はやりにくいし，無理にする必要もない，ということになる。

「教えて考えさせる授業」に適した教科について，よく質問されることがあるが，実は，音楽，美術，保健体育，技術・家庭といった，いわゆる実技教科が，「教えて考えさせる授業」の原型とも言える。体育での基礎技能，音楽での楽器演奏，技術・家庭での道具の使い方や調理などは，習得目標が非常にはっきりしているからである。

例えば，体育であれば，指導者が動きのポイントやコツを教え，学習者が試行錯誤しながら（つまり，考えながら）体の動きとしてそれを体得していくのが，最もオーソドックスなやり方である。「考えさせる」というと沈思黙考させるようなイメージがあるが，実技では，「頭でわかったことを，あれこれ考えながら体の動きとしてつかむこと」にほかならない。

本書で紹介している事例でも，その授業展開には共通性を見てとることができるだろう。まず教師が演示し，大事なポイントを教示する。そのあと，ペアやグループごとに練習に入る。ポイントに立ち返りながら，お互いにアドバイスし合い，しだいにコツを会得していく。最後は，わかったこと，まだわからないことを自己評価する。まさに「教えて考えさせる授業」の典型である。

美術，音楽における創作・鑑賞や体育の身体表現（ダンス）などでも，基礎基本として知っておいたほうがよいことはある。「自由に，思ったとおりに表現してみましょう」というだけでは，自分の殻を破れず，かえって型にはまった表現になりがちである。むしろ，基本的な知識や技能を身に付けておくことで，それらを組み合わせて自分の思いをうまく表現できるようになる。

美術（絵画）での「明度差に着目した立体感の表現法」の授業を拝見したとき，「自分もこういうことを教えてほしかった」と思った。「センスのいい子はうまくできて，そうでない子は何をどう工夫したらいいのかわからず，結局，嫌いになってしまう」という表現教育をぜひ脱皮してほしいと思う。

2 国語・社会での難しさと実践

実技教科と対照的に，「教えて考えさせる授業」を取り入れようとして多くの教師がとまどうのは，国語と社会である。それは当然かもしれない。まず，国語に関していえば，授業ごとの習得目標が，他教科に比べるとそうはっきりしているわけではない。とくに，大きなウェイトをしめる「読解」の授業においてそうである。教科書に出ているのは教材文だけであり，「読みを深める」という非常に抽象的な目標になりがちである。具体的に何を身に付けることが目標なのか，読解や鑑賞の力をつけるためには何を教えればいいのか，どうもはっきりしない。

社会の場合も，教科書には事実的知識が書かれており，教師にとっては「社会的認識を深める」というような抽象的な目標になりやすい。一方，子どもにとっては用語や事実を暗記するというような目標になってしまいやすい。実際，定期テストで問われ，評価されるのは，「どれだけしっかりと記憶しているか」であることが多い。教師としてはそれが最終の目標ではないと思いつつも，それが明確にならないまま授業や評価が行われているのが実態ではないだろうか。

こうした教科では，私は，まず無理をせずに，習得目標やそれを達成するための手立てが明確なところから「教えて考えさせる授業」が導入されればよいと思っている。国語であれば，言語事項，発表のしかた，意見文や説明文の書き方などは，「教えて考えさせる授業」を取り入れやすいところである。

ただし，読解や鑑賞でもすばらしい「教えて考えさせる授業」に出会うことがある。これは，まさにその先生の綿密な教材研究の賜である。「目標や教えるべきポイント」を明確化することに成功しているからである。たとえば，俳句の授業であれば，鑑賞のための手立てを抽出し，それを授業の前半でしっかり教える。すると，活発な鑑賞活動や俳句創作活動につながってくる。

こうした授業によって，「読み取りや鑑賞が苦手で授業に参加しにくい」と言っていた子どもたちが，自分の感想や意見をもち，参加できる国語の授業になっていく。何を教え，考えさせればそのようになるのか，ぜひ研究成果を広めていただきたいと思う。

社会での「教えて考えさせる授業」の実践も，しだいに盛んになってきている。よいと思われる実践を見ていると，まず習得目標の設定が明確で，重要な点に絞っている。地理や歴史であれば，表層的な知識だけでなく，因果関係を理解し説明できること，さらに，それらの認識をもとに自分なりの考えをもち表現できること，といったような目標である。

この最後の点は，必ずしも1つの正解があるわけではないが，根拠に基づいた見識・見解をもつということで，公民や道徳でも重要な目標となりうるものであろう。そして，テストやレポートにおいても，課題の設定しだいで十分評価できるものとなる。このようにとらえてみると，社会はまさに「教えて考えさせる授業」に適した教科と言えそうである。

3　知識・理解と技能習得をあわせもつ英語の授業

英語は，知識・理解と技能習得という側面をあわせもった教科である。どちらの側面も，「教えて考えさせる授業」と非常に相性がよい。例えば，英語の特徴的な発音のしかたを教え，練習させるというのは，実技教科と同じである。文法や特定の表現を教えてそれを応用させるというのは，まず知識・理解から入り，それを技能化して読解や英作文の中で活用するという学習である。さらに，こうして得た知識・技能を，実際のコミュニケーション場面で生かしていくというのが，今後の英語教育の姿であろう。

しかし，一方では，1990年代以降，ネイティブの子どもをモデルとして，「教えないで慣れさせる，気づかせる」という暗示的な指導法が，わが国の中学校でも盛んになったという現実がある。私は，年齢も環境も異なる学習者に，このような学習論・教育論を押しつけた関係者に驚きと怒りを禁じ得ない。こうした論者に「教えて考えさせる授業を」と言っても，「教師から教えるのは古い授業だ」と一蹴されるだけだろう。

学力低下が最も顕著な教科といえば，私は学習相談の経験上，「中学校の英語」と答えている。大学教員や英語教育専門家に聞くと，今の大学生で昔より伸びたのは，リスニング試験の導入された「聞く」能力だけで，「話す」「読む」「書く」はすべて落ちていると言う。今回の学習指導要領改訂で導入された小学校の英語活動についても，私は，「楽しい中にも，知識・技能の習得目標が込められている」というものであってほしいと切に願っている。

4 数学・理科における広がり

　数学は，「教えて考えさせる授業」が提案されてから，私自身が具体的な授業の例としてよく引き合いに出し，また，学校における実践でも，最も多く取り上げられてきた教科である。その理由としては，まず，授業ごとの習得目標を比較的明確に設定しやすいこともあるが，必ずしもそれだけではない。

　約10年前，「教えて考えさせる授業」が提案された背景の1つには，1990年代を通して小学校を中心に広まった「教えずに考えさせる授業」への疑問があった。そして，「問題解決型」と称して，その考え方や方法論が最も浸透していたのが算数教育であり，「教えて考えさせる授業」はそのアンチテーゼとしてインパクトをもったという経緯がある。小学校では，従来の「問題解決型授業」ではうまくいかないと感じていた実践者にまず受け入れられた。そして，算数での実践から各教科へと徐々に広まっていった。

　しかし，中学校や高校での受け止め方は，小学校とはかなり様相が異なる。ごく一部を除けば，教えるということに対する抵抗感はほとんどない。むしろ，教師から数学的概念，定理，例題の解法などを説明し，問題演習をするという昔ながらのパターンの授業が多い。これをもって，「教えて考えさせる授業など，アタリマエである。ずっとやってきている」と言われることもある。

　しかし，「教えて考えさせる授業」でいう「理解確認」や「自己評価」を行っている授業など，まず見かけない。また，「理解深化」というよりは，類題を使っての問題演習になっていることがほとんどである。全体的に見れば，小学校とは別の意味で，中学校・高校の数学の授業は，私の主張するような4段階を踏まえた「教えて考えさせる授業」にはなっていない。このような数学教育が「わからない」という生徒を大量に生みだしていることは，私が指摘するまでもないだろう。

　とくに重要なのは，定期テストのときだけでなく，日々の授業の中で，「どれだけ生徒がわかったのか」を把握することである。そのために説明活動，教え合い活動，小グループでの討論などが推奨されるわけだが，こうした協同学習を入れた授業は，中学校・高校の数学では，きわめてまれなことだったようだ。

　中学校・高校の理科教員の間でも，数学と同様，教えることに対する抵抗はほとんどない。むしろ，理解確認，理解深化，自己評価などの方法や，時間内にうまくおさめることに対するとまどいが多い。「入れるとよいことはわかるが，実際にどのようにしたらよいかわからない」ということである。時間が足りないからこそ，私は中学校・高校では「予習」が大きな役割を果たすと思っているのだが，これも，予習を求める習慣が

なかった教師にはかなり抵抗があるようだ。

　ある研究会で，高校の教師から，「高校の物理には予習は必要ない。なぜかといえば，どうせ予習ではわからないからだ」という発言があった。では，いきなり授業で教師の説明を聞いた生徒たちはわかっているのだろうか。予習の役割は完全にわかることではなく，「大まかな枠組みと疑問をもって授業に臨む」という姿勢をつくることである。「そのような生わかり状態を経ずに教師の説明を受けても，難しい内容の理解にいきなり到達できるものではない」という人間の認知過程に対する見識がないかぎり，授業改善の努力は生まれないだろう。

　本稿では，それぞれの教科における「教えて考えさせる授業」のあり方を概観した。重要なことは，教科によって「教えて考えさせる授業」に適しているかどうかが決まるのではなく，「教えて考えさせる授業」は習得目標とそれを達成するための手立てが明確である場合のオーソドックスな授業設計原理であるということだ。そのような学習をどれくらい含んでいるかによって，その教科の中で「教えて考えさせる授業」がどれくらいできるかが決まってくる。

　これを裏返していえば，これまであまり習得目標や指導方法が明確でなかった教科や単元でも，それらを明確化することによって「教えて考えさせる授業」が展開できるようになるということだ。国語の俳句の鑑賞などはその好例である。なかなか明確にできないものや，する必要のないものにまで無理に拡張することはない。とはいえ，頭から「うちの教科は教科の特性上，『教えて考えさせる授業』になじまない」と決めつけずに，他者の実践を見ていただきたいと思う。授業に対する新たな視点が開けてくることもあるのではないだろうか。

　ちなみに，私自身が最近研究テーマとして追究しているのは，問題解決や学習のスキルの習得を目標にした「教えて考えさせる授業」である。「勉強のしかた」は，何をどう身につけさせるかがあまり明確ではなく，学校でも塾でもあまり明示的に教えられてこなかった。センスやカンの良い子だけでなく，多くの生徒にとって，学校を出ても生かされるような学習方法のレパートリーを広げてもらうことをめざしている。多くの学校の先生たちとともに，私も新しい「教えて考えさせる授業」へのチャレンジを続けていきたい。

第2章 「教えて考えさせる授業」の実際 解説

========== 本章の授業事例一覧 ==========

▼**数学**
　正負の数／加法と減法　加減の混じった計算（佃拓生）……………………20
　平面図形／基本の作図　割れたお皿の大きさを比べるには？（吉本祐）……24
　多角形の内角の和　定理や公式の意味を説明できるか？（床勝信）…………28

▼**理科**
　力の働き　ばねを引く力とばねののびにはどのような関係があるか？（松本香樹）………32
　物質の状態変化　赤い水とエタノールの混合物から，
　　　　　　　　　エタノールだけをうまく取り出そう（藤枝昌利）……………36
　化学変化と原子・分子　原子の記号を使って化学変化を表現する（小松寛）……40

▼**国語**
　言葉の特徴やきまり　言葉の単位（八方真治）…………………………………44
　グループ・ディスカッション　自分の意見を組み立てよう（伊勢博子）……48
　伝統的な言語文化（古典）　俳句づくりにむけて（藤川和孝）………………52

▼**社会**
　日本の諸地域／中国・四国地方　本州四国連絡橋の無料化は，
　　　　　　　　　四国にとってプラスか？（澤口良夫）………………………56
　江戸幕府の政治　「田沼の政治」は失敗か？（藤山英人）……………………60
　私たちと経済　財政の働き（岡本千尋）…………………………………………66

▼**英語**
　一般動詞の疑問文，応答文，否定文　クラスメイトにインタビュー！（久保田千晶）……70
　不定詞の形容詞的用法　他用法との区別から理解を深めさせる（元成幸恵）……74
　関係代名詞 that　夢の新商品を売り込もう（橋爪祐一）………………………78

▼**音楽**
　表現・創作　作曲に挑戦！　動機の反復・変化・対照など，
　　　　　　　「音楽のつくり」を生かして（岡本礼）……………………………82
　鑑賞　「魔王」を聴く（西澤真一）………………………………………………86

▼**美術**
　絵画（人物画）　友達の絵を描く（北沢孝太郎）………………………………90
　デザイン（立体構成）　イメージするオリジナルオブジェをつくろう（山本勝彦）………94

▼**保健体育**
　ダンス　現代的なリズムのダンス（田中耕史）…………………………………97
　陸上競技　ハードル走（村松正博）………………………………………………101

▼**技術・家庭**
　設計　立体を平面に表すには？（坂本大）………………………………………105
　食生活と自立　栄養バランスのとれた献立をつくる（楢府暢子）……………109

数　学　● 1 年　正負の数　加法と減法

加減の混じった計算
― 4－7は加法か，それとも減法か？―

佃　拓生

単元の構成（8時間）
※丸数字の時数を「教えて考えさせる授業」で展開

時数	指　導　内　容
①	○正の数，負の数の加法 ・同符号や異符号の加法について，－3や＋5の和を，数直線上の「矢印のたし算」として示し，加法の計算のしかたを説明させる。 　🟥教　正の数，負の数の加法の計算のしかた 　🟥考　－3や＋5など，数直線上の2点を「加える」とは？ 　🟥考　同符号のとき，異符号のときの，加法の計算のしかたの説明
2	・0との加法，分数や小数の加法の計算
3	・加法の交換法則と結合法則の計算
④	○正の数，負の数の減法 ・トランプを使って，「－5のカードをとる」「＋5のカードをたす」の関係に注目させ，減法の計算のしかたを説明させる。 　🟥教　正の数，負の数の減法の計算のしかた 　🟥考　トランプゲームで，「－5のカードをとる」と残りはいくつか？ 　🟥考　減法の計算のしかたの説明
5	・0からの減法，分数や小数の減法の計算
6	・正の数，負の数の加法や減法の計算（百マス計算）
❼	○加法と減法の混じった計算 ・代数和の見方で，加法と減法を一体的にとらえさせる。《本時》 　🟥教　$6-9=(+6)-(+9)=(+6)+(-9)$ のような代数和のとらえ方 　🟥考　$4-7=(+4)\underset{ひく}{-}(+7)$，$4-7=(+4)+(\underset{マイナス}{-}7)$ の区別を説明させる。 　🟥考　加法と減法の混じった式で，演算記号と符号をどのようにとらえたか説明させる。
8	・－5＋3－2＋6のような，加法と減法の混じった計算

第2章 「教えて考えさせる授業」の実際 数学

本時の展開
（7／8時）

●目標●
正の数，負の数にまで拡張することによって，加法と減法を統一的に見ることができるようにする。

教える	説明	① 教科書で，加法と減法の計算を一体的にとらえる見方について説明する。 ・小学校や中学校での既習事項を振り返り，「$6-9=(+6)-(+9)=(+6)+(-9)$なので，$6-9$の計算は$+6$と-9の和と考えることができる」について教科書を読ませて，説明する。
考えさせる	理解確認	② 加法と減法の計算の見方について理解度を確認する。 ・$4-7$や$5-9$を，減法や加法の式に変形できるかどうか確認する。 ・$(+4)-(+9)$や$(+5)+(-7)$を，カッコのない式に変形できるかどうか確認する。 ・単純にカッコと正や負の符号を省略すればよいと誤解している生徒がいる実態を引きだす。
	理解深化	③ リスニングの活動を通して，演算記号と符号の違いに着目させる。 ・発問の際，「－」のよみ方を使い分け，$4-7$なら（ひく）$(+4)-(+7)$，$4-7$なら（ひく）$(+4)+(\overset{マイナス}{-}7)$と区別して，2つの違いを考えさせる。 ・類似の求答をくり返し，帰納的に見いだしたことについて教え合い，演算記号と符号の違いを説明させる。 ④ 加法と減法の混じった計算のしかたについて考えさせる。 ・$-5+3-2+6$のような加法と減法の混じった計算を，どうよみ，どう計算したらよいか考えさせる。 ・すべて加法ととらえて，交換法則や結合法則を使って計算させる。
	自己評価	⑤ 今日の授業でわかったこと，大切だと思ったことなどを記述させる。 ・演算記号の「－」と，負の符号の「－」の違いについて，どこまでわかったのかを中心に記述させる。 〈生徒の記述例〉 ・「マイナス」と「ひく」というよみ方によって，式が加法か減法かも変わるとわかりました。項だけで式が構成されていたのは驚きました。 ・加法と減法の混じった計算では，「－」を「マイナス」とよんで加法で計算するほうが，交換法則や結合法則が使えるので，計算しやすくなることがわかった。

指導のポイント

本実践で習得をめざす数学的な見方や考え方

　中学校数学で，正の数，負の数に数の範囲を拡張したことにより，「＋，－」は，演算記号のみならず，正負の符号ともとれるようになり，生徒はどちらに「みなす」ことも可能になった。したがって，今までの「たす・ひく」の見方だけでは不十分であり，「たす・ひく・プラス・マイナス」の見方に拡張させることが大切である。

　そこで，本時は，評価規準Ｂの例でいうと，「数学的な見方や考え方」の観点の「正の数，負の数にまで拡張することによって加法と減法を統一的に見て説明することができる」を数学的活動として具現化し，その達成をめざしたものである。

理解深化課題①：演算記号の「－」と，負の符号「－」の区別を説明させる

　式をどう見るかは，生徒にとっては式をどうよむかである。「－」を「ひく」とよめば演算記号として，「マイナス」とよめば負の符号として見ていると一応は判断できるが，まだ明確に区別していない生徒が多いと予想される。また，正の数や負の数の式を，小学校の計算式にカッコと符号がついたものと思い込み，（＋５）＋（－７）を５＋７としてしまう生徒もいる。

　理解深化課題では，そのようなゴチャゴチャな理解不十分の状態を明らかにすることが大切である。そして，この点に注目し，下図のように，発問の際の「－」のよみ方によって，加法の式としての見方と減法の式としての見方について，生徒が明確に整理してとらえられるようにしたいと考えたのが，式の構造に着目させるリスニングの活動である。

　生徒は，見た目はまったく同じ式であるにもかかわらず，減法になったり加法になったりするわけが最初は理解しづらいと思われる。このような際に，見方や考え方を見いださせるには，ゲーム感覚で，クイズ形式の求答をある程度くり返し，帰納的な思考へ転換をはかる活動が有効であると思われる。

　また，この活動を通して，生徒の「知りたい！」「わかった！」「確かめたい！」「教え

$$\underset{\text{ひく}}{6} - \underset{\text{ひく}}{9} = (+6) - (+9)$$
$$\underset{\text{マイナス}}{6} - \underset{\text{マイナス}}{9} = (+6) + (-9)$$

たい！」などの知的好奇心を喚起し，必然性のある「話し合い活動」として教え合いの活動が有効に機能するようになる。

このとき，演算記号と符号の違いを見いだしても，教え合いの活動において，既習の用語を的確に用いたり，筋道立てて説明したりできるとは限らない。

したがって，「教え合い」という知的コミュニケーションの場を位置づけることにより，表現の質が高められ，生徒相互の習得を強化させることにつながると考える。

理解深化課題②：加法と減法の混じった式で，演算記号と符号を区別させる

4－7を，（＋4）＋（－7）とみなすことは，裏を返せば，カッコと加法の記号＋，式のはじめの＋などの省略について実感できるプロセスとなる。

そこで，右のような加法と減法の混じった式を提示し，計算のしかたを考えさせる。

例　$(-5)+(+3)-(+2)-(-6)$
　　$=(-5)+(+3)+(-2)+(+6)$
　　$=-5\ +3\ -2\ +6$

例の「－5＋3－2＋6」は，演算記号と符号をどのようにみなしても計算は可能である。つまり，生徒がこの式をどのようによんでもかまわない。ただし，自分がよんだよみ方にしたがって演算記号や符号を適切に解釈する責任を生徒にもたせることで，効率よい計算につながる「式のみなし方」に注目させる。この活動から，物事を確定的，固定的に見るのではなく，視点を変更しながらより柔軟に考察することの大切さを実感させたい。

また，本時は，「計算した結果がいくらか」についてはほとんどふれず，式をどうよむか，よんだ式をどう解釈するかについて説明することを中心とし，話し合い活動などを通して，減法では交換法則や結合法則が使えないことや，正の項や負の項の和としてとらえることで，効率よく計算できることのよさを実感させたい。

この活動は，その後の数と式の計算においても基盤となる見方や考え方である。

例えば，－（－3）を，（－1）×（－3）や0－（－3）などと解釈したり，文字式の計算で，4(x＋3）－2（x－1）を，4（x＋3）から2（x－1）をひくとよむか，4（x＋3）と－2（x－1）の和とよむかにより，それぞれの計算のしかたを考慮したりする場面が考えられる。

数　学　● 1 年　平面図形　基本の作図

割れたお皿の大きさを比べるには？
―線分の垂直二等分線の活用―

吉本　祐

単元の構成（6時間）
※丸数字の時数を「教えて考えさせる授業」で展開

時数	指　導　内　容
1 ②	○**基本の作図** ・作図の意味，定規とコンパスを使った作図のしかた ・垂線の作図 　㋿　垂線の定義，性質と作図のしかた 　㋫　直線の一方の点に対して，垂線の性質を使って対称な点のとり方を身に付けさせる。
❸	・線分の垂直二等分線の作図　《本時》 　㋿　線分の垂直二等分線の定義，性質と作図のしかた 　㋫　円弧の一部分から，垂直二等分線を活用して円の中心を求めさせる。
④	・角の二等分線の作図 　㋿　角の二等分線の定義，性質と作図のしかた 　㋫　内接円の中心の求め方を，角の二等分線の意味を考えさせて理解させる。
5 6	○**いろいろな作図** ・円の接線 ・基本の作図を活用したいろいろな図形の作図

第2章 「教えて考えさせる授業」の実際　数学

本時の展開
（3／6時)

●目標●
線分の垂直二等分線の定義や性質を理解し，作図できるようにする。

教える	予習	・教科書の本時で学ぶ内容に，あらかじめ目を通しておくよう指示する。
	説明	①線分の垂直二等分線の定義・性質や作図法を説明する。 ・線分ABの中点を通り，線分と垂直に交わる直線を線分ABの「垂直二等分線」ということ（定義）を説明する。 ・コンパスと定規を使って，垂直二等分線の作図のしかたを説明する。 ・点Aと点Bから等しい距離にある点は，線分ABの垂直二等分線上にあること（性質）を説明する。
考えさせる	理解確認	②以下の問題を通して，垂直二等分線の性質と作図法の理解を確認させる。 「直線ℓ上にあって，2点A，Bから等しい距離にある点を，作図によって求めなさい。」 ・ペアになり，互いに自分の回答を説明させる。
	理解深化	③垂直二等分線を活用した課題解決に取り組ませる。 「2枚の割れたお皿があります。どちらももともとは丸いお皿でした。どちらのお皿が大きかったのかを作図によって求めよう！」 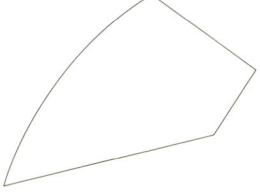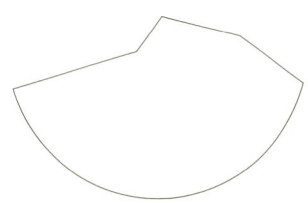 ・ヒントカードを2種類用意しておく。 　1．円の中心を求めるために，垂直二等分線を引く。 　2．円の中心1点を求めたいので，もう一本垂直二等分線を引いてみたらどうなるか？ ・円周上のもう1点を考え，もう1本の垂直二等分線によって，円（お皿）の中心が決まり，半径から大小が比較できることを説明する。
	自己評価	④理解深化課題の感想を中心に，よくわかったこと，まだよくわからないことなどをまとめさせる。

指導のポイント

本時の組み立て：意味理解の重視

「基本の作図」の学習では，垂線，線分の垂直二等分線，角の二等分線などの「意味理解」（定義や性質）と，コンパスと定規を用いた正しい「作図の手順」をセットで指導し，生徒に理解させる必要がある。

本時の線分の垂直二等分線とその利用の授業では，さらに，「作図の手順」の習熟を超えて垂直二等分線を課題解決に「活用」することを主として組み立てた。

理解確認では，教科書の問題を用いて，線分の垂直二等分線をそのまま使うのではなく，その意味理解を踏まえて作図する課題を設定した。やや難しい課題ではあったが，生徒たちに，ただ単に垂直二等分線を作図するのではなく，定義や性質に立ち返るという部分を強調するためである。

理解深化では，日常生活に近い文脈で，数学の知識や考え方を用いた課題解決を設定した。ただ，課題の難易度が高すぎる可能性もあったので，ヒントカードを2種類準備しておいた。年度当初より「教えて考えさせる授業」を基本とした授業展開（清泉ティーチングスタイル）をしてきており，本時の「教える」場面で学習したことを使って課題に取り組むことには生徒は慣れ親しんでいるため，何を，どのように使うのか積極的に考える姿が見られた。

理解確認課題：2点A，Bから等しい距離にある直線ℓ上の点を作図によって求める

教科書には，2点A，Bと1つの直線しかかかれていない。生徒たちは途端に何をしなければならないかが見えなくなるが，問題の意味を把握し，最終的にどのような作図が必要なのかを考えさせることで，垂直二等分線の意味理解を確認したいと考えた。

ペア学習で取り組ませたが，どちらかの生徒が問題の意味を把握し，どう取り組めばよいかがわかると，すぐにコンパスと定規を用いて活動する様子が見られた。

理解深化課題：2枚の割れたお皿の破片から，それぞれのもとの大きさを推論する

この理解深化課題は，教科書に載っていた，銅鏡の一部分からもとの大きさを求める問題を改変して作成した。

円周上の任意の3点を使って円の中心を求め，もとの円を作成するには，円の中心から円周上までの距離（半径）は等しいことや線分の垂直二等分線の性質を十分に理解し

ている必要がある。

　予想どおり，生徒たちは取り組みにくさを感じていたが，準備した2枚のヒントカードの1枚目を見て，それぞれのお皿の中心を求めようと考えた生徒が何人か出たのをきっかけにして，2枚目のヒントカードを見たり，生徒同士で意味を確認し合いながら，本時に学習した線分の垂直二等分線の作図とその性質を積極的に活用する生徒が増えていった。

　反省点としては，2つのお皿を比べるという課題であったため，同じ手順を2回繰り返さなければならず，意味理解が不十分なままであった生徒にとっては，ただ作図をしただけになってしまったのではないかと感じた。

教える内容の精選と予習の習慣化

　本時では，理解確認や理解深化の段階において，協同的な課題解決活動の中で理解を十分に深めてほしかったため，ここの活動時間をしっかり確保する必要があった。そこで，前半の教える場面では，あまり時間をかけることなく，できるだけ要点をわかりやすく提示することを心がけた。

　「教える内容の精選」は，「教えて考えさせる授業」を成功させるための重要ポイントである。教師はその授業を行うための背景知識や関連事項など，数多くの準備をして授業に臨む。そのために，生徒につい多すぎる情報を与えてしまう場合がある。しかし，1時間の授業の中にあれもこれもとたくさん盛り込もうとすると，必ずどこかに無理が生じてくる。私自身，時間配分で失敗したことが数多くある。生徒たちが，いまは何の授業で，何を身に付けようとしているのかクリアに意識化できるようにするためにも，その時間の習得目標に対して必要な知識を最小限で教える必要がある。

　また，生徒の「予習の習慣化」による授業運営上のメリットも大きい。教科書を読んで，どのような内容の授業を行うのかをあらかじめ知っておくことは，生徒にとって非常に有用である。また，読んできてわからない部分はどこなのかがわかれば，教師はそれを踏まえることによって，精選した教える内容に必要な補足を加えることが可能になり，生徒によりわかりやすい説明をすることができるようになると考える。

| 数学 ● 2年　多角形の内角の和

定理や公式の意味を説明できるか？

床　勝信

単元の構成（5時間）　※丸数字の時数を「教えて考えさせる授業」で展開

時数	指導内容
①	○三角形の内角と外角
	教　三角形の内角の和の証明方法（3つの角を1つの点に集めると，平行線の性質を使って証明できること）
	教　三角形の内角・外角の性質，ならびに，三角形の1つの頂点に3つの角を集める方法での証明
	考　三角形の内角・外角の性質の説明とその証明を，図をかいて説明させる。
②	考　他の点へ集める方法で，三角形の内角の和の証明を考えさせる。
❸	○多角形の内角の和　《本時》
	教　多角形の内角の和と，その求め方（三角形への分割方法）
	教　1つの頂点から対角線を引く方法での，多角形の内角の和の求め方
	考　具体例（九角形）で，内角の和の求め方を図を使って説明させる。
	考　他の2つの分割方法について，内角の和の求め方を考えさせる。
	考　3つの分割方法での求め方を比べさせ，1つの頂点から対角線を引く方法のよさを考えさせる。
④	○多角形の外角の和
	教　多角形の外角の和と，その求め方
	考　具体例（六角形）で，外角の和の求め方を，図を使って説明させる。
	考　n角形として求めたとき，式をまとめる段階で文字nが消去されることの意味を考えさせる。
5	・練習問題

第2章 「教えて考えさせる授業」の実際 数学

（3／5時）

●目標●
「多角形の内角の和の求め方」を理解できるようにする。

教える	説明	①多角形の内角の和の求め方を，具体的に図をかきながら説明する。 ・「多角形の内角の和は，三角形に分割して求めればよいこと，その分割方法として，1つの頂点から対角線を引く，辺上または内部の点から各頂点へ引く，の3つ方法があること」を教える。 ・「1つの頂点から対角線を引いて求める方法」について，小学校での学習方法を演示した後，具体的な場合を通して，多角形の辺の数と対角線の数の関係から帰納的に，内角の和が$180°×(n-2)$であることを教える。
考えさせる	理解確認	②多角形の内角の和の求め方を，ペアで説明させる。 ・「九角形の内角の和は1260°になることを，図を使って説明しなさい」という課題を与える。 ・三角形への分割方法と，9－2の意味をきちんと確認させる。 ・自分で考えさせた後，ペアで説明させる。
	理解深化	③他の2つの分割方法での求め方を考えさせ，どの求め方でも同じ式になることを確認させる。（グループ活動） ・五角形を例に，それぞれの内角の和の求め方を，式を使って表すことに取り組ませる。 ・全体で，それぞれの求め方を確認させた後，「今度は，n角形の場合として，それぞれの求め方でも，$180°×(n-2)$となることを確認してみよう」と発問し，取り組ませる。 ④3つの分割方法での求め方について比較させ，「1つの頂点から対角線を引く方法のよさ」を考えさせる。（グループ活動） ・「1つの頂点から対角線を引いて求める方法は，他の2つの方法と比べてどうだろうか」と発問し，グループごとに考えさせる。
	自己評価	⑤今日の授業でわかったこと，わからなかったことなどを書かせる。 ・「多角形の内角の和の求め方」について，わかったこと，わからなかったことを書かせる。

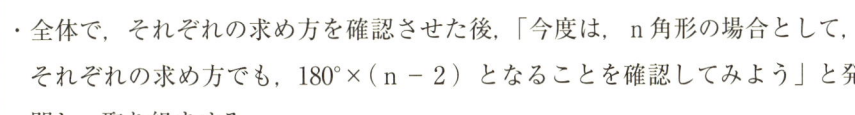

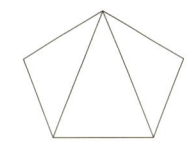

指導のポイント

単元設計の考え方

　この単元では，小学校で経験的に学んできた図形の性質（定理）を，論理的に説明できること（論証）を初めて学習する。そこで，次の2点にポイントをおいて計画をした。

・論証の意義と進め方を理解できるようになること
・性質や公式は，暗記よりも理解することが大事であること

　理解確認では，学習した図形の性質や公式について，計算練習をさせるのではなく，「なぜ，そうなるのか」を説明させる課題にしている。ただ，「三角形や多角形の外角の性質」は，生徒にとって意外に難しいようなので，図を使って性質そのものを説明させる課題もつけ加えた。

　理解深化では，小学校において実測や実験した方法も含め，複数の方法についての証明を課題として与えている。既に学んだ性質（平行線の性質や三角形の内角の和）を使えばできるものであることと，できるだけ多く論証の経験を積ませることをねらっての設定である。「多角形の外角の性質」では，すべての外角を1点に集める方法で証明させる課題もあるが，n角形として文字式の形式的操作で求めた場合，「文字nが消える」ことの意味理解が難しいため，これを考えさせる課題とした。

　証明は，書くことよりも，図を使って説明できる程度を求めている。

　時間配分としては，新しい学習内容は「教えて考えさせる授業」で行い，すべて学習後に，1時間の練習時間をとっている。なお，「三角形の内角と外角」の授業では，説明と理解深化で時間を要するため2時間扱いとしている。

理解確認課題：多角形の内角の和の求め方を具体的に説明させる

　教科書では，「n角形の内角の和は，180°×（n－2）である」とまとめた後，この式を使って内角の和を求める練習になるが，公式が目の前にある以上，これでは求め方を

> 確認　九角形の内角の和は1260°となる。この求め方を，右の図を使って説明しなさい。

1つの頂点からの対角線をひいたら、
9-2個の三角形に分けられるので
内角の和は1260°になる。

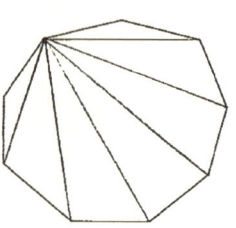

理解したことにならない。そこで、具体例で説明させることにしたが、ここでのポイントは、「1つの頂点から対角線を引くこと」と「三角形が頂点の数より2つ少ない数に分けられること」であり、これを生徒に押さえさせる必要がある。

理解深化課題①：他の分け方での求め方を式で表し、どの求め方でも、同じ式で表されることを確認させる（グループ活動）

3つの分割方法のうち、残り2つの方法（多角形の辺上、または内部の点から各頂点へ引いて分ける方法）についての求め方を考えさせる課題である。

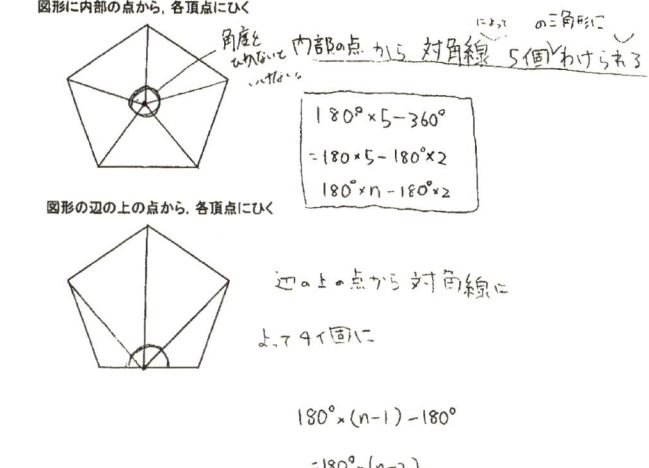

進め方として、いきなりn角形と一般化して考えることは、この段階の生徒には難しいので、最初は具体例（五角形）で求め方を考えさせる。そして、全体で内角の和の求め方を確認した後、「n角形の場合として、どの求め方でも、180°×（n－2）となることを確認しよう」と発問し取り組ませる。さらに、形式的操作においても、180°×n－360°や、180°×（n－1）－180°を変形することは、生徒にとって容易ではないので、細かい支援が必要となってくる。

教科書では、変形するところまで求めさせることはあまりないと思われる。ただ、公式にした場合には、「複数の分割方法による求め方があっても、最終的には1つの式になる」ことも理解させたい。

理解深化課題②：3つの分割方法での求め方から、「1つの頂点から対角線を引く方法のよさ」を考えさせる。（グループ活動）

この課題は、「なぜ、1つの頂点から対角線を引く方法で説明がされているのか」を理解させるためで、ここまでくると、「この分割方法の方が、三角形に分けるだけで内角の和が求められるので簡単だ」という発言が出ることは容易に予想され、生徒の理解の深まりも見えてくる。

理科　1年　第1分野　力の働き

ばねを引く力とばねののびには
どのような関係があるか？

松本香樹

単元の構成 (11時間)　※丸数字の時数を「教えて考えさせる授業」で展開

時数	指導内容
1 2	○力の概念の定着 ・物体の様子から力の働きを分類させる。 ・物体の質量から物体に働く重力が求められるよう練習させる。
3 4	○ばねを引く力とばねののびの関係 ・ばねにつるすおもりの個数とばねののびの関係を調べさせる。 ・測定結果をグラフ化させる。（グラフの描き方の指導も含めて）
❺	・ばねを使って，つり下げた物体の質量を調べさせる。《本時》 　㋿ ばねを引く力とばねののびは比例すること。 　㋕ ばねを引く力の大きさからばねののびを求めさせる。 　㋕ 未知の物体をばねにつり下げ，物体の質量を求めさせる。
6	・働いている力をどのように矢印で表すかを教える。
7 ⑧	○圧力概念の獲得 ・スポンジをへこませる力は何と関係しているのか調べさせる。 ・圧力を計算し，数値化させる。 　㋿ 圧力を求める公式 　㋕ 確認問題による圧力の計算 　㋕ プリンに板，おもりをのせ，何 Pa まで耐えられるか調べさせる。
9	・大気圧とは何かを説明し，大気圧による現象を調べさせる。
10	・水圧とは何かを説明し，水圧による現象を調べさせる。
⑪	・浮力を大きくするにはどうしたらよいか考えさせる。 　㋿ 水圧と浮力の関係 　㋕ 確認問題による浮力の計算 　㋕ 粘土を水に浮かべるにはどうしたらよいか考え，調べさせる。

第2章　「教えて考えさせる授業」の実際　理科

（5／11時）

●目標●ばねののびからつり下げた物体の質量を求めることができるようにする。

●準備●ばね（ばね定数5g/cm），スタンド，ものさし，物体（ネットに入れた果物）

※ばねの弾性限界は2N（つり下げる物体の質量200g）である。物体は，ばね1本では測定不能となるよう300〜380gに設定する。

教える	説明	①ばねを引く力とばねののびの関係を，パワーポイントを使って説明する。 ・ばねを引く力を2倍，3倍……と大きくすると，ばねののびも2倍，3倍……に変化することを説明する。 ・この比例関係を「フックの法則」ということを説明する。
考えさせる	理解確認	②「フックの法則」についての理解度を確認する。 ・確認課題①「おもり1個で2cm，2個で4cmのびるばねがある。おもり8個ではばねののびは何cmになるでしょう」 ・確認課題②「おもり2個で4cmのびるばねがある。ばねが26cmのびたとき，ばねにはいくつのおもりがつり下がっているでしょう」 ・それぞれの課題について，個人追究→グループ内発表→指名生徒に全体発表と進める。
	理解深化	課題：未知の物体をばねにつり下げ，質量を求めよう ③学習課題「このばねを使って物体の質量を推測しよう」を提示する。 ・ネットに入れた果物（キウイ）を提示し「この物体の質量を求められるか」と発問する。 ④ばねに物体をつり下げ，ばねののびを測定させる。 ・ばねに物体をつり下げてばねののびを測定しようとするが，ばねが弾性限界を超え，測定できないことに気づかせる。 ・どうすればばねののびが測定できるか，グループ内で話し合わせる。 ⑤グループで考えた方法でばねののびを測定させ，物体の質量を求めさせる。 ・「ばねを2本使う」「ネットの中の果物を小分けにする」などの方法で調べさせる。 ⑥電子上皿天秤で物体の質量を測定し，グループの測定結果と比べさせる。 ・測定方法，計算方法を発表し合い，グループ追究を検証させる。
	自己評価	⑦今日の授業でわかったこと，まだわからないことを記述させる。 ・「ばねを引く力の大きさ（つり下げた物体の質量）」と「ばねののび」の関係について，どこまでわかったかを中心に記述させる。

指導のポイント

教師からの説明：パワーポイントを使って，「フックの法則」を視覚的に理解させる

「ばねを引く力」と「ばねののび」の関係をグラフ化すると右上がりの直線になり，比例関係であることがわかる。

しかし，言語理解だけだと「なぜ比例関係だとグラフが直線になるのか」や「比例関係とは何か」についての理解が甘くなってしまうと考えた。前時の実験による，「おもりの個数が増えるとばねののびが大きくなる」という事実とグラフを重ねて視覚的に説明することが，「だから直線になるのか」「比例とはこういうことか」という「原理の理解」につながるのではないかと考え，以下のようなスライドを用いた。

説明の様子（左はスライドの内容）

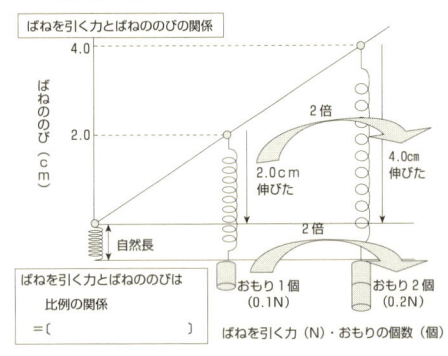

理解確認：2つの課題を提示し，「フックの法則」の活用力を高める

「本当に比例関係が理解できたか」という視点に立ち，まず，ばねを引く力がわかっていて，ばねののびを推測させる問題を提示する。ばねを引く力が8倍だからばねののびも8倍になる，という説明をさせ，未知の値も比例関係を利用すれば求めることができることを理解させる。

しかし，本時の理解深化課題は，ばねののびからばねを引く力を推測できなければ解決できない。実際に「おもり2個で4cmのびるばねが26cmのびた。おもりはいくつつり下がっているか」という問題に対しつまずく生徒がいたが，友達とのかかわりの中で，「のびが6.5倍だからおもりの数も6.5倍で13個」と理解することができた。

理解確認問題は，「基礎を確認する問題」，「つまずきが予想される問題」の2題を提示する必要性を感じた。

理解深化：ばね1本では測定できない体験を通して，活力ある追究を生みだす

　理解確認で，ばねののびからつり下がっているおもりの個数が推測できることを学習した。未知の物体の質量を求めるためにばねにつり下げるが，ばねの弾性限界を超え，「先生，どうやってやるの？」「もう1本ばねもらってもいいですか」という声が多数聞かれた。ばねは教卓に数十本用意しておく。「新しいばねを持っていっていいけど，同じ方法でやったらまた同じ結果になるよ」と答え，グループ内でミーティングするよう促す。

【ばねを3本並列にして調べたグループの様子】

生徒B：「どうする？」　　生徒C：「どうする？」　　生徒D：「2本でやれば？」
生徒A：ばねを2本持ってきてスタンドにつるす。「こう？」果物をつるす。
　　　「また，すごいのびる。ん，そうでもないか。さっきよりいいかも。じゃあ3本は？」
生徒C：「やってみるか」
生徒A：3本持ってきて果物をつるす。「また，（のびが）減った」
生徒B：「測って，測って」　　生徒C：1m定規をあてる。
生徒A：「23くらい？ 23.6cm」　　生徒B：「ということは……計算してみよ」
生徒A：「おもり1個で2cmのびるから……11.8倍。ん，だから？」
生徒D：「おもり1個は10gでしょ」　　生徒B：「11.8に10かければいいんじゃん？」
生徒A：「じゃあ118gってことか（笑顔）」　　生徒C：「で，ばねを3本使ってる」
生徒B：「3倍？ 割る3？ 3倍だな。118×3で354gだ」
　　　　　　　　　　　　　　　　　　　　※電子上皿天秤で測った実際の質量：360g

【物体（ネット内の果物）を小分けにして調べたグループの様子】

生徒R：「どうすればいいの？」　　生徒P：周りの班を見渡す。
生徒R：「あの班，2本でやってる」　　生徒Q：「いや，他にも方法はあるはずだ」
生徒P：「（ネットの中のキウイを）1個ずつ測れば？（笑顔）」
生徒Q：「おお，なるほど。その手があったか」みんなでネットからキウイを取り出す。
　　　「おれ，測るわ。メモって」
生徒P：1個1個ばねののびを記録していく。すべて測り終えると
生徒R：「合計は？」
生徒P：「合計が……76cm」
生徒R：「ってことは？ 10gで2cmのびるから……」
生徒P：「えっとね，380。380g」　　　　※電子上皿天秤で測った実際の質量：380g

　この2つの事例に共通することとして，グループの仲間と「どうしよう」という気持ちを対等に共有する中で，自由な発想が生まれたことがある。さらに，フックの法則さえ理解していれば，生徒たちが自ら考えた方法で質量がほぼ正確に導きだせることも示されている。生徒が「できた」「わかった」という達成感，成就感を感じ取れるような課題の開発が必要であると考える。

| 理科 ● 1年　第1分野　物質の状態変化

赤い水とエタノールの混合物から，エタノールだけをうまく取り出そう

藤枝昌利

単元の構成（6時間）

※丸数字の時数を「教えて考えさせる授業」で展開

時数	指導内容
1 2	○物質の姿はどのように変化するか ・身の回りの物質に興味をもたせ，調べさせる。 ・状態変化では，体積は変化するが質量は変化しないことを調べさせる。
3 4	○状態変化と温度の関係 ・水の状態変化について考えさせる。 ・測定した沸点や融点の結果から，その物質が何であるか考えさせる。
❺	○蒸留 ・水とエタノールの混合物からエタノールだけをうまく取り出す。《本時》 教 「蒸留」の定義と実験方法について説明する。 考 火加減や火を止めるタイミングなど実験方法を見直し，再実験させる。
6	・身の回りの蒸留についてまとめる。

第2章 「教えて考えさせる授業」の実際 理科

本時の展開（5／6時）

●目標●
沸点の違いを利用して物質を分離する蒸留の原理を理解し、説明できるようにする。

教える	説明	①「蒸留」の定義について、教科書に基づいて説明する。 ・演示実験を通して、固体と液体の混合物から物質を取り出す方法（濾過・再結晶）について確かめた後に、食紅で染めた水とエタノールを混ぜて、既習の濾過、再結晶では分離できないことに気づかせる。 ・その後、液体と液体の混合物から、再び液体を取り出す「蒸留」という方法について、教科書に基づいて説明する。 ②学習課題「水とエタノールの赤い混合物から、透明なエタノールだけをうまく取り出そう」を設定する。 ③実験装置が、定義に基づくものであることを確認する。 ・教科書の図と机上の実験装置とを比較し、実験の進め方や蒸留の定義に基づいて実験することを確認できればよい。 ・安全上の留意をしなければいけないことを確認する。
考えさせる	理解確認	④蒸留の実験をさせる。 ・蒸留の実験をし、分留された物質がエタノールなのか調べさせる。 ・分留した物質に火がつく班とつかない班に分かれたことに注目させる。
	理解深化	⑤実験結果を振り返り、「うまくエタノールを取り出すための改善点」について考えさせる。 ・「なぜ実験結果に違いが出たのか？」について、実験が成功した班と失敗した班のそれぞれの様子を振り返って議論させる。 ⑥改善点をふまえ、再実験させる。 ・沸点に注意しながら、火力などを調整し、うまくエタノールを取り出す再実験をさせる。
	自己評価	⑦本時を振り返って、学んだことなどを整理し、自分なりに記述し、交流させる。

指導のポイント

再実験によって，実験操作や現象の意味理解を深めさせる

　授業をしていると観察・実験が好きな生徒が多く，意欲的に取り組んでいると強く感じる。しかし，課題として，観察・実験の目的意識が希薄で，結果に対する考察が深まらず，思いつきのままに発言する傾向がある。また，実験操作の意味も曖昧なため，正しい実験結果が得られなかったり，何に注目して結果を記入するのかわからないで実験をしている生徒もいる。

　新しい学習指導要領では，「理科教育の充実」という点から，観察や実験をもう一度繰り返したりする学習活動を工夫するとある。しかし，従来の「課題解決型」の授業展開では，50分の単位時間内に再実験を取り入れることが難しい。また，教科書にある実験を，レシピどおりにつくる料理のように進めても，実験操作や操作の意味を深く考えることにならない。

　そこで，「教えて考えさせる授業」で展開することにより，再実験を50分の単位時間の中で行うことで，観察・実験の操作や意味など目的意識が明確になり，蒸留についての理解がより深まると考えた。

教師からの説明：蒸留の定義をズバリ説明し，実験の視点を絞り込む

　既習の濾過や再結晶に続く，混合物から物質を取り出す3つ目の方法として，教科書の「蒸留」の定義について説明する。

> 　赤ワインを熱すると，先に，エタノールを多く含んだ気体が出てくる。このように，液体を熱して沸騰させ，出てくる蒸気（気体）を冷やして，再び液体を取り出すことを蒸留という。沸点のちがう液体どうしの混合物は，蒸留を利用して，それぞれの物質に分けることができる。　　　　　　　　　　　　　（東京書籍『新しい科学』1年，122ページ）

　どのような実験をするのか教科書の図でイメージをもたせるとともに，机上の実験装置が，この定義に基づくものであることも確認する。

理解確認：定義を教科書や実験装置で具現化する

　実際に食紅で染めた水とエタノールの混合物から，エタノールを取り出す実験を行う。このとき，食紅で染めた水とエタノールの混合物を熱すると，透明な物質を取り出すことができる。分留の結果を視覚的に実感できるため，生徒はそれだけで満足してし

まいがちである。しかし，エタノールの沸点を超えて蒸留し続けると，水まで分留されることになってしまうため，調子にのって集めれば集めるほど失敗してしまう。ここで，火をつけると燃えるというエタノールの性質を利用して確かめると，火がつくグループとつかないグループがでてくることが予想される。

理解深化：不十分な理解に気づかせながら，再実験で理解を深めさせる

「なぜ，このような違いが出たのか」「どうすればエタノールだけを取り出せるのか」を議論する場面を設定する。この話し合い活動を通して，エタノールの沸点が78℃，水の沸点が100℃であることを踏まえ，これらの沸点を超えると別の物質も分留されてしまうことに立ち返り，ガスバーナーの火加減，火を止めるタイミングなど，実験の目的意識を明確にし，蒸留についての理解を深めさせたい。

生徒実験の様子

自己評価：今日の授業でわかったこと，大切だと思ったことなどを記述させる

沸点の違いに注目して，目的に応じて温度を調整しながら蒸留することがポイントであることを，再実験で成功した達成感とともに記述できるようになってほしい。

〈生徒の記述例〉

・蒸留をするには，沸点が何度かを考えたうえで実験しなければならない。また，より純粋な物質を取り出すために，温度に気をつけて，ガスバーナーの火加減を調節したりする工夫も大切だとわかった。

・温度が上がりすぎて水の沸点近くまで上がってしまって失敗したが，火加減や温度に注目して再実験したら，成功してよかった。

・沸点を超えると他の物質がさらに取り出され，もとの混合物になってしまい，蒸留した意味がなくなる。沸点に注目して実験することが大切だとわかった。

| 理科 | 2年　第1分野　化学変化と原子・分子 |

原子の記号を使って化学変化を表現する

小松　寛

単元の構成（9時間） ※丸数字の時数を「教えて考えさせる授業」で展開

時数	指導内容
1 2 3 4 5	○**物質を分解する（熱分解）** ・演示実験：酸化銀 Ag_2O の熱分解 ・酸化銀の中に銀と酸素のもとになるものが含まれていることを知る。 ・原子，分子のモデル図を使って様々な物質の構造を理解する。 ・酸化銀の熱分解をモデル図を使って理解する。 ・生徒実験：炭酸マグネシウム $MgCO_3$ の熱分解
❻	・原子の記号を使って化学変化を表現する。《本時》 　教　原子の記号化と分子の化学式 　教　化学反応式の書き方 　考　酸化銀 Ag_2O の熱分解の化学反応式
7	・生徒実験：炭酸水素ナトリウム $NaHCO_3$ の熱分解
8 ⑨	○**物質を分解する（電気分解）** ・生徒実験：塩化銅水溶液 $CuCl_2$，水 H_2O の電気分解 ・電気分解により起こる反応を化学反応式で理解する。 　教　物質が電気で分解できることを知る。 　考　塩化銅水溶液の電気分解の化学反応式 　考　水の電気分解の化学反応式

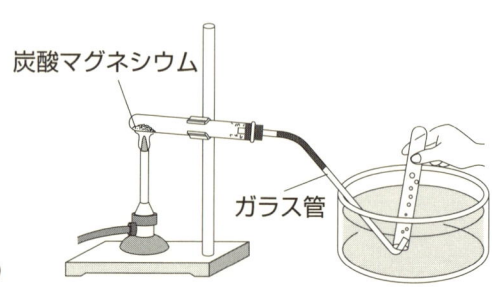

炭酸マグネシウムの加熱実験（第5時）

第2章 「教えて考えさせる授業」の実際　理科

本時の展開 (6／9時)

●目標●
化学変化を正しく化学反応式で書き，読むことができるようにする。

教える	説明	①モデル図を使って説明してきた原子や分子が元素記号で表せることを説明する。 ・教科書を読ませながら，モデル図で表現してきた原子がアルファベットの記号で表されることを説明する。 ・分子についても原子の記号を用いて表すことができることを教え，その書き方を説明する。 ②化学変化を化学式を使って表せることを説明し，その読み方を教える。 ・生徒実験で使った炭酸マグネシウム $MgCO_3$ の熱分解を例に，化学変化が化学反応式として表されることを説明し，読み方を教える。また化学反応式の左と右で，原子の種類や数が等しいことを確認する。
考えさせる	理解確認	③炭酸カルシウム $CaCO_3$ の熱分解を，化学反応式を使って書かせる。 ・炭酸カルシウムの化学式を与え，まず個人で化学反応式を書いてみるように指示する。 ・しばらく時間をおいて，隣同士で正しく読めるか，なぜそう書いたのか，また書くときの注意点は何かを説明させる。
	理解深化	④酸化銀 Ag_2O の熱分解を，化学反応式を使って書かせる。 ・モデル図を使い，個人で化学変化の過程を考えさせる。化学変化を正しく表すためには，酸化銀分子を2分子使わなければならないことに気づかせる。 ・4人グループにして，この変化を化学反応式を使って表すように指示する。同種の分子が複数関わる反応を，どう表現するかを話し合わせ，考えをグループごとにホワイトボードに書かせる。そのボードの考えを例として示しながら，化学変化の表現方法として係数を使って個数を表すことを教え，クラス全体で共有する。
	自己評価	⑤今日の授業でわかったこと，まだわからないことを記述させる。 ・化学式や化学反応式の書き方や読み方のルールについて，何がわかったか自分でまとめさせ，記述させる。

41

指導のポイント

教師からの説明①：モデル図を使って説明してきた原子や分子が元素記号で表せること

本時までモデル図を使って分子の形を示してきたが，本時からは原子の記号（元素記号）を使って表すことを，教科書の記述を使って説明する。多原子からできた分子の場合，元素記号の右下に，その原子の個数を小さく書くこと，1や無限大は省略されるというルールがあることを説明し，徹底させる。

教師からの説明②：化学変化が化学式を使って表せること

前時に炭酸マグネシウム $MgCO_3$ の熱分解を生徒実験で経験しているため，この化学変化を例に，モデルから化学式，化学反応式へと誘導する。係数の関わらない化学変化で，係数以外の反応式の書き方や読み方のルールを教える。

炭酸マグネシウム $MgCO_3$ は教科書には出てこない物質であるが，体操などの競技選手が使う滑り止めとして利用されるもので手に触れても危険はない。

この物質はガスバーナーによる熱分解で容易に酸化マグネシウム MgO と二酸化炭素 CO_2 になる（350℃程度）。

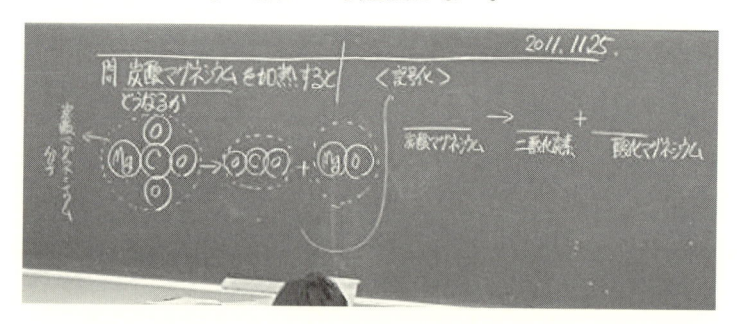

理解確認：炭酸カルシウム $CaCO_3$ の熱分解を，化学反応式を使って書く

説明で聞いた内容が定着したか確認する意味で，個人で化学反応式を書かせる。確認の意味で，もう一度モデルを使って書かせてから化学反応式に直してもよい。個人で化学反応式が書けたら，隣同士で答えを確認し，その化学反応式を読ませる。その際，元素記号の書き方や化学式の数字の入れ方，化学反応式の読み方の注意点などを確認し，お互いに見比べさせる。

白チョークは炭酸カルシウムである。チョークをハンディーバーナーで高温にすると，熱分解によって酸化カルシウムになるため，加熱の前後で水に入れ，フェノールフタレインを入れると，その色調の違いで変化を視覚的にとらえることができる。時間に余裕があれば演示実験として行いたい。

第2章 「教えて考えさせる授業」の実際　理科

理解深化：酸化銀 Ag_2O の熱分解を，化学反応式を使って書く

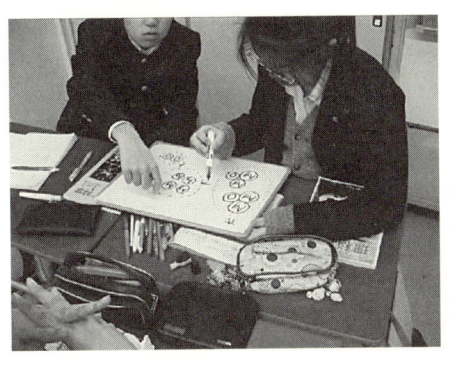

　まず個人でモデル図を書きながら，反応の前後で原子の数を考えなければならないことに気づかせ，酸化銀が2分子必要なことを発見させる。次に4人グループにして，このモデル図を化学反応式として表すとどうなるか，個数の問題をどう処理するのかを考えさせ，グループごとに話し合い，考えをホワイトボードに書かせて黒板に貼り出す。そしてクラス全体で他のグループの答えを確認し，複数の分子が関与するときにどう表すか，という問題に向かわせる。最後に，係数として表すことになっているルールを教えてクラス全体で共有する。

　従来型の授業であれば，この単元は教師の一方的な教え込みと，個人作業のドリル練習である。しかし化学式の書き方や化学反応式の係数のつけ方は，全員に同じ説明をしてみても，なかなか完璧にできるようにはならない。問題は生徒の様々なレベルの思い込みから，いろいろな表現方法がでてきてしまうことである。今回は，生徒が一番混乱する反応式の係数に関する部分以外はすべて1つの素材（炭酸マグネシウムの熱分解）で説明し，係数の部分だけを考えさせるようにした。理解確認課題は，係数以外の部分が網羅できる課題で，説明②の部分で得た知識で解けるものにすればよい。

　そして理解深化課題は，興味をもちながら考えられる課題を設定する。今回の課題は，まず自分で思い思いの表現をさせたあと，グループによる協同学習に向かわせている。中学生による協同学習では，いきなりグループにして課題を投げかけるよりも，まず個人作業により自分で課題にしっかりと向き合う時間をつくり，そのあとグループにして話し合いをさせる方が効果的である。今回も右図のような様々な思い込みによる表現が現れ（正しくは $2Ag_2O \rightarrow 4Ag + O_2$），ホワイトボードを書きながら，自説を熱心に説明している姿が見られた。その後，再び机の配置を戻し，係数を使った化学反応式の書き方を説明し，自己評価の時間をとるようにした。

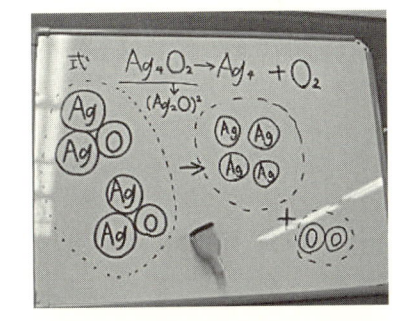

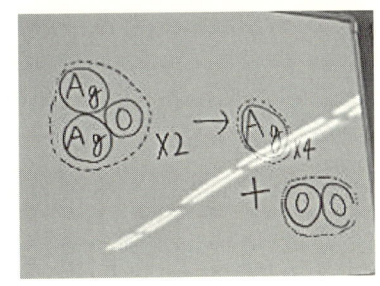

| 国語 ● 1年 | 言葉の特徴やきまり |

言葉の単位
―単語は意味をもつ最小の単位―

八方真治

単元の構成 （3時間）　※丸数字の時数を「教えて考えさせる授業」で展開

時数	指導内容
①	○文章と段落 ㋖ 小説，詩，手紙，俳句などを使い，言葉の単位として，「文章」「段落」という用語の意味を教える。 ㋕ 段落分けをしていない短い説明的文章を段落分けさせる。 ㋕ 4コマ漫画のストーリーに合う4段落構成の文章を書かせる。
②	○文と文節 ㋖ 次の例文を使い，言葉の単位として，「文」という用語の意味を教える。 　・例文「犬はねこを追いかけるねこはねずみを追いかけるねずみは必死で逃げる」 ㋖ 次の例文を使い，言葉の単位として，「文節」という用語の意味を教える。 　・例文「山の上に白い家がある。」 ㋕ 例文「赤い屋根の家がある。」について，意味上の区分「ドンナ」・「ナニノ」・「ナニガ」・「アル」が，どこにあたるのかを考えさせる。 ㋕ 「明日の3時から生徒会がある。」という用件を電話で人に伝えるとする。1つ1つの言葉を正確にはっきりと伝えるためには，どこで区切ればよいか。
❸	○単語　《本時》 ㋖ 次の例文を使い，言葉の単位として，「単語」という用語の意味を教える。 　・例文「青い表紙のノートを買う。」 ㋖ 次の例文を使い，「単語」が「文節」を構成する単位であり，意味や働きをもつ言葉の最小の単位であることを教える。 　・例文「緑と黄のペンキを混ぜる。すると黄緑になる。」 ㋕ 次の例文を使い，「黒板」が1つの単語になることを考えさせる。 　・例文「彼は黒い板に絵を描き，彼女は黒板に文字を書く。」 ㋕ 「文節」と「単語」の関係や「単語」が意味や働きをもつ最小の単位であることを，小学生にもわかるように説明するにはどのようにすればよいか。

第2章 「教えて考えさせる授業」の実際　国語

本時の展開（3／3時）

●目標●
言葉の単位として、「単語」という用語の意味が理解できるようにする。

教える	説明	①言葉の単位として、「単語」という用語の意味を説明する。 ・例文「青い／表紙の／ノートを／買う。」を使い、説明する。 ・文節は多くの場合、さらに小さく「青い／表紙・の／ノート・を／買う。」に分けることができ、これらの1つ1つを「単語」ということを教える。 ②「単語」が「文節」を構成する単位であり、意味や働きをもつ言葉の最小の単位であることを説明する。 ・例文「緑・と／黄・の／ペンキ・を／混ぜる。すると／黄緑・に／なる。」を使い説明する。 ・例文の「黄緑」と「黄」・「緑」を例に挙げ、単語が意味をこわさないように分けられた言葉としての最小単位であることを教える。
考えさせる	理解確認	③「単語」が「文節」を構成する単位であり、意味や働きをもつ言葉の最小の単位であることについての理解度を確認する。 ・例文「彼・は・黒い・板・に・絵・を・描き、彼女・は・黒板・に・文字・を・書く。」を使い、理解度を確認させる。 ・「黒い板」は「黒い」と「板」の2つの単語になるのに、なぜ「黒板」は「黒」と「板」の単語に分けないのかを考えさせることで理解度を確認させる。 ・隣の席の人といっしょに考え、発表させる。
	理解深化	④言葉の単位や「単語」について、自分たちで文や文章を作り、わからない人（小学6年生）にもわかるように説明するにはどうすればよいのかを考えさせる。 ・考えるときのポイントとして次の3点を知らせる。 【考えるときのポイント】 ・「単語」が意味や働きをもつ最小の単位であること。 ・「単語」がいくつか集まり「文節」を作り、「文節」がいくつか集まり「文」を作り、「文」がいくつか集まり「段落」を作り、「段落」がいくつか集まり「文章」を作っていること。 ・図や色のマジックペンを使ってよいこと。 ・4人グループで考え、画用紙に書いて発表させる。
	自己評価	⑤今日の授業でわかったこと、わからないことを記述させる。 ・何がわかったのか、何がわからなかったのかを具体的に書かせる。

指導のポイント

従来型の文法指導の問題点と本時の工夫

　従来までの文法指導（単元「言葉の単位」）は，言葉の単位（「文章」・「段落」・「文」・「文節」・「単語」）として，それぞれの用語の意味を説明した後，ひたすら練習問題に取り組ませたり，さらに難しい発展問題に取り組ませたりしていた。つまり，生徒の理解度を，練習問題ができる（正解）かできない（不正解）かで確認していた。

　しかし，練習問題ができていた生徒も，２年次の文法学習（単元「単語の分け方」）をするときには，「単語」についてほとんど理解できていなかった。従来型の文法指導では，生徒に「言葉の単位」，特に単語について理解させることができていないと感じていた。

　そこで，本時の授業では，「単語」が意味や働きをもつ言葉の最小の単位であることを理解し，「単語・文節・文・段落・文章」の関係を説明できるようになることを重視し，次のような工夫を取り入れた。

　①　説明や理解確認の際に，生徒がつまずきやすいところ（「黄緑」と「黄」・「緑」，「黒板」と「黒い」・「板」）を例に取り上げ，「単語」が意味をこわさないように分けられた言葉としての最小単位であることの理解を深められるようにした。

　②　わからない人（小学６年生）に説明させるという場面設定にすることにより，「言葉の単位」や「単語」について深く理解できているか振り返られるようにした。

つまずきやすいポイントに重点化し，理解をはかる

　「単語」という単位を理解する際に，生徒がつまずきやすいのが「黄緑」や「黒板」といった単語（複合語）である。なぜなら，「黄緑」「黒板」を２つに分けたとき「黄」と「緑」，「黒」と「板」がそれぞれ１つの単語として存在しているからである。そこで，「黄緑」「黒板」が１つの意味をもっており，分けることによって別の意味になってしまうことを理解させるために，次のような工夫を取り入れた。

　説明では，「黄緑」は「黄」と「緑」に分けると別の意味になってしまうことがわかりやすくなると考え，「緑」「黄」「黄緑」の単語が入っている「緑と黄のペンキを混ぜる。すると黄緑になる。」という例文を使った。また，理解確認では，「黒い板」と「黒板」を比べることで「黒板」を「黒」と「板」の単語に分けてはいけないことがわかり

やすくなると考え,「彼は黒い板に絵を描き,彼女は黒板に文字を書く。」という例文を使った。

わからない人に向けた説明を考えるなかで,自らの理解を確かめさせる

「言葉の単位」や「単語」について深く理解できていれば,わからない人に教えることができると考え,当初は理解深化課題を,「友達の家の屋根は青色だ私の家は山の上にある屋根の色は黒色だ」を使って,わからない人(小学6年生)に「言葉の単位」や「単語」についてわかるように説明させることとした。

4人グループで,説明内容や説明用のフリップを作らせる。何度か実践をしてみたが,どのグループも同じような説明になったり時間切れで説明まで考えられなかったりした。そこで,改善案として,自分たちで文や文章を考えて説明させるようにしたところ,いろいろな説明の仕方(教え方)が出てきた。それぞれのグループも取り組みやすくなったようである。

以下は,あるグループの説明と説明用のフリップである。

「『私・は／チョコクッキー・と／チョコ・の／ビスケット・を／買っ・た。』という文を例に,「単語」について説明します。『チョコクッキー』は『チョコ』と『クッキー』の2つの単語で分けると意味が変わるので,『チョコクッキー』で1つの単語です。また,『チョコ・の』の『チョコ』と『ビスケット・を』の『ビスケット』は意味が変わらないので,それぞれ1つの単語です。『チョコクッキー』の『チョコ』と『チョコ・の』の『チョコ』は同じ『チョコ』と書いていますが,言葉の単位としては,まったく違うものです。」

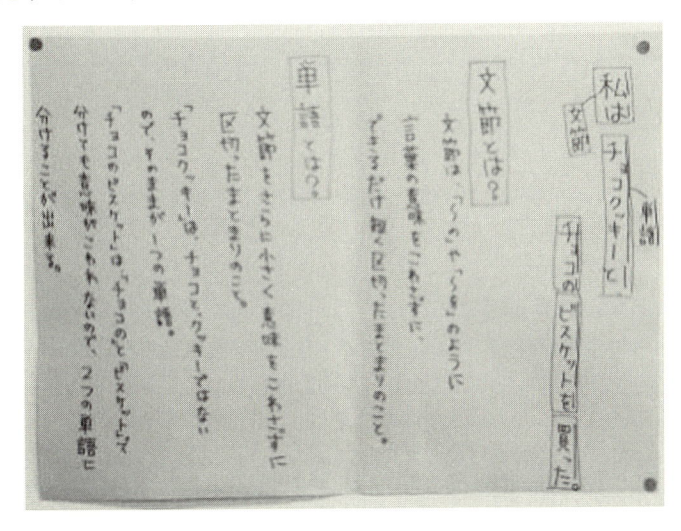

| 国語 ● 1年 | グループ・ディスカッション（話し合い） |

自分の意見を組み立てよう

伊勢博子

単元の構成（4時間） ※丸数字の時数を「教えて考えさせる授業」で展開

時数	指 導 内 容
1	○「話し合う」ことの意義を理解し，単元全体の学習の見通しをもたせる ・「学校図書館の利用を増やすにはどうしたらよいか」のテーマで話し合い，これまでの経験も踏まえて，「話し合いに対する感想」を出し合わせる。 ・「話し合い」のモデルをVTRで確認し，話し合いのイメージをもたせる。
❷	○自分の意見を組み立てる　《本時》 ・話し合いの「目的と考慮すべき点」を確認し，以下の手順に従って考えを整理させる。 　（自分の意見→理由→その意見の特長→問題点→解決方法） ※予習：教科書を読み，話題「保育園の時にお世話になった先生が絵本の図書館を開館した。お祝いの気持ちを伝えるにはどんな方法がよいか」に対する自分の意見をノートに書いておく。家族と相談してもよい。 　㋲ 話し合いの目的と考慮すべき点 　㋲ 話し合いでは，「自分の意見」に加え「そう考える理由」「その考えの特長」「問題点・解決方法」の手順で，意見を組み立てていくこと 　㋕ 別の話題で意見を組み立てさせ，他の人の意見を参考にしながら，自分の意見を深めたり，広げたりさせる。
③	○グループ内（4名）で話し合いをさせる 　㋲ 話し合いの流れの中で自分の意見を組み立てる方法を説明する。 　㋕ 話し合いのシナリオの中で（自分もそこにいると想定）自分の意見を組み立てさせる。 　㋕ 別の話題を提示し，自分の考えを組み立てさせる。自分の意見をよくまとめられている生徒が多いグループに，全員の前で話し合いをさせ，参観者はよかった点（発言）や注意すべき点をメモし，終了後に感想を述べ合わせる。
4	○全部のグループで話し合いを行い，結果を報告し合う ・結果をもとに，話し合った内容を振り返り，代表者が報告をする。 ・単元全体を振り返り学んだこと（「話し合う」という活動の意義）を発表する。

第2章 「教えて考えさせる授業」の実際　国語

本時の展開（2／4時）

●目標●
自分の意見をわかりやすく相手に伝える方法を知る。

教える	予習	・教科書に載っている話し合いの話題に対する自分の考えをノートにまとめておく。（家族や周囲の人の意見を参考にしてもよい。）
	説明	①自分の意見をわかりやすく相手に伝えるためには，「目的や考慮すべき点」を確認し，意見に加えて「そう考える理由」「その考えの特長・問題点」「解決方法」をあらかじめ整理しておくとよいことを教科書で説明する。 ・「自分の意見のみ」と「理由・特長・問題点・解決方法も加えられている意見」の2つの意見を比べて，どちらがわかりやすい表現になっているかを検討させ，理由や特長・問題点・解決方法を踏まえた文章を書くことが大切であることを確認させる。 ・「～から」「～ので」「～ため」等を文中に入れたり，「その理由は～」「なぜかと言うと～」等を前置きしたりするといった「理由を述べる言い方（書き方）」を押さえる。
考えさせる	理解確認	②教科書の話題について，自分の考えを整理させる。 ・理由の部分及び問題点とその解決方法等，予習してきたものを練り直させる。うまくいかない生徒には「考えられる手段とそれぞれの特長」を示し，その中から選ばせる。 ・教科書の話題「先生にお祝いの気持ちを伝える手段」として「手紙」を例に挙げ，全員で考えを整理させていく。 ・生徒の理解度を挙手や感想によって確認する。
	理解深化	③身近な話題を提示し，自分の考えを整理させる。 ・目的，考慮すべき点を全員で確認してから自分の意見を組み立てさせる。 ・書き進んでいる生徒には，根拠を複数考え最も効果的なものを選ぶとよいことを伝える。意見をもてない生徒には，目的・考慮すべき点を確認させる。 ・自分の意見をさらに広げ深めるため，ペア学習，4人組学習で意見交換をさせ，アドバイスを付箋紙に記入したり聞き手の反応を参考にしたりして，考えを練り直させる。 ・うまくできている生徒を指名し，アドバイスの前と後の考えの変化（広がりや深まり）がわかるように，ホワイトボードを使って説明させる。
	自己評価	④本時の目標と照らし合わせながら，今日の授業でわかったこと，まだよくわからないこと（できるようになったこと・まだよくできないこと）を自己評価して記述し発表させる。

指導のポイント

「話し合い」と「教えて考えさせる授業」

　新学習指導要領には「相手の立場を尊重して話し合い，互いに合意形成を図る力の育成」が示されている。これからは，国語科のみならずすべての教科で「意見を発表するときは，自分の考えとその根拠を明確にしてまとまった発言をするようにし，他の友達の発言を基にその共通点と相違点を整理して発言することができる力」を育成しなければならない。

　ともすると「物語文や説明文の読解」に比べて，「話し合い」の学習は，指導事項の押さえが不足しがちであったり（特に話し合いのスキル），時間がかかるからと「流す程度」に終わりがちだったりした反省がある。しかし，本来的には「話し合い」の学習は生徒に教えるべき知識・技能を明確化しやすく，「理解確認課題」で理解度を確認し，さらに「理解深化課題」で知識・技能の習得を確かなものにできる展開を講じやすい。国語科の中でも「教えて考えさせる授業」に適した要素をもっているといえる。

　ここで学習したことを基に，学校生活での日常的な話し合い活動が活用場面となり，そこで身に付いていない力が見えれば，さらにまた国語科の中で補充指導に取り組む必要がある。

生徒の実態と教師の願い

　生徒たちは，「話し合い」に対して予想以上に苦手意識がある。「話し合いに積極的に参加しているか」という質問に対して，多くは「あまり積極的ではない」と答え，その主な理由として「反対されるのが嫌だから」あるいは「発言しようと思ってもうまく自分の考えをまとめきれないから」を挙げている。こうした生徒の実態から「話し合いのスキル」を身に付けさせると同時に，「話し合いの本質は，互いの意見をすり合わせることによって，一人では思いつかなかったよい考えが生み出されることであり，話し合っていくうちに相手の考えが理解でき，相手を誤解していたことに気づいたりすること」を体験的に学ばせる必要があると考えた。

　「意見が異なるのは当たり前」という前提に立ち，互いの意見をつき合わせることで，自分の意見が深まり広がり，変化する喜びがあることを体験させるため，今回はペアや4人組学習，気になる友達と意見を交換する場面を設定し，「話し合うことは，他者を認め他者とのかかわりの中で新たな認識を生み出していくこと」が理解できる活動

になるように工夫した。

指導上の工夫点

①予習の活用：生徒には予習をさせた。これは「あらかじめどんな学習をするのかを生徒が事前に把握してから授業に入ることによって，学習意欲がもてること」「『家族に相談してよい』ということから，課題解決にあたって，自分の周囲の資源は活用できることを体験させること」また「限られた授業時間を有効に進めること」が目的である。

②理解確認：生徒の理解度を確認する場面では，理解度の高い生徒に前で説明させた。説明する際にはホワイトボードを使い，考えの変容がわかりやすく，見えやすいような書き方と示し方に配慮した。また「教える」場面で教師から教示した基礎基本事項を押さえながら説明させた。

理解が難しい生徒に対しては，いくつかのヒントを準備しておくようにした。例えば，自分の意見をもてない場合，考えられる手段を教師がいくつか提示して，その中から選択させるとか，理解度の高い生徒にアドバイスを求めさせた。また，書き進められている生徒に対しても「根拠をさらに考え，最も説得力があると考えられるものを選択するとよい」等を指示し，個に応じて学習が進められるようにした。

③理解深化：理解深化課題は，例えば「1か月前に転校した同級生（転勤された先生）に近況やメッセージをどのようにして伝えるか」や「ケンカした友達に謝りたい。どんな方法がよいだろうか」など，「日常的生活の中から考えられる身近なもの」を選んだ。生徒の意見には「○○さんは，ビデオレターと言っていましたが，ビデオレターはみんなの表情や様子がとてもよくわかるので，きっと喜んでもらえるというよさがあると思います。けれどもクラス全員の分を撮り終えるまでにかなり時間を費やすことが問題点かなあと思います。短時間で要領よく撮り終えるよう，計画を立てて撮っていければよいかなあと思います」と相手の意見のよさを認めつつ，その問題点の解決にも配慮した意見が出されていた。また，振り返りの場面では「友達の意見を聞いて，自分の意見の問題点がよくわかりました」とか「自分が使えないと思った方法にも，（自分が気づかなかった）よさがあることがわかってよかったです」といった発言があった。

そうした意見が出されるためにも，教師は「考えさせるためのヒント・手だてをしっかりもつこと」「考えさせる時間を保障すること」が必要である。ともすれば，理解確認・理解深化と展開を急ぐあまり，教える部分が駆け足になってしまいがちであるが，それでは課題解決にはつながらないことを十分理解しておきたい。

国語 ● 3年　伝統的な言語文化（古典）

俳句づくりにむけて

藤川和孝

単元の構成（5時間）　※丸数字の時数を「教えて考えさせる授業」で展開

時数	指　導　内　容
1 2 3	○「おくの細道」の読解 ・紀行文の構成の特徴と効果に注意しながら全文を通読する。 ・対訳や脚注を参考に本文を読み，俳句を鑑賞することで芭蕉の思いを読み取る。
	○俳句の創作（発展学習）
❹	・俳句の空欄を予想する。《本時》 　教　蕪村と一茶の作風の特徴 　　　表現技法としての「対比」の効果 　考　俳句の空欄に入る言葉を予想させる。
5	・俳句をつくる。

【題材について】

　本教材は，江戸時代に松尾芭蕉によって書かれた紀行文「おくの細道」の冒頭と平泉の部分を収録したものであり，芭蕉や弟子の俳句4句が収められている。本文で古典の文章を読解すると同時に，芭蕉の心情をより凝縮して表した俳句の鑑賞にも取り組める教材である。

　古典学習は読解中心の受け身の授業になりがちなので，教科書にはない俳句の創作を自作教材として設定し，「書くこと」を含めた総合単元とした。

第2章 「教えて考えさせる授業」の実際 国語

本時の展開
（4／5時）

●目標●
○俳句の空欄予想を通して，それぞれの句の奥深さ，表現の工夫を理解することができるようにする。
○優れた句に触れることで，自身の創作への意欲を高められるようにする。

教える	説明	①**本時の目標を確認する。** ・本時では，次時に取り組む俳句創作の前段階として，俳句の空欄予想問題に取り組むことを伝える。 ②**空欄予想問題を解くために手がかりとなる知識を教える。** ・プリントを使用し，以下のポイントについて解説する。 　蕪村と一茶の作風の特徴，表現技法としての「対比」とその効果
考えさせる	理解確認	③「やれ打つな蝿が手をすり足をする」について，以下の問いに答えることで理解確認をはかる。 　問1　これは一茶，蕪村どちらの作？ 　問2　この句で対比されているのは何と何？ ・個人で考えさせた後，ペアで確認させる。
	理解深化	④**俳句の空欄に入る言葉を予想させる。** ・以下の3つの句を板書し，それぞれの空欄部分を班ごとに予想させる。 　A　五月雨や　大河を前に　家 [二] 軒　　与謝蕪村 　B　[蟻] の道　雲の峰より　続きけり　　小林一茶 　C　しずかさや　湖水の底の　[雲の峰]　（小林一茶） ・教師は各班の答えを板書し，その後，生徒に予想の根拠を発表させる。 ・Cについては十中八九，正解は出ないので，このままでは季語がないこと，空欄の言葉はAかBの俳句の中にあることをヒントとして示す。
	自己評価	⑤**振り返りカードに記述し，授業の振り返りをする。** ・振り返りカードにわかったこと，わからなかったことを記述させ，メタ認知を促す。 ・Cが実は一茶の句であることを明かす。その種明かしは次回に行い，創作に入っていくことを予告する。

指導のポイント

本時のねらい：空欄予想で，俳句の創作過程を疑似体験させる

空欄予想という形で，優れた俳人である蕪村，一茶の創作過程を疑似体験させ，その優れた言語感覚や表現技法を実感させる。その経験が，自身の創作意欲や，作品づくりに生かされると考えた。予想に際しては，俳句のきまりである「有季定型」を確認し，音数，季語の有無などを手がかりとすると同時に，蕪村，一茶の句の特徴を示すことで，当てずっぽうではなく，論理的に作業を進められるよう配慮した。

教師からの説明：理解深化課題解決のための前提知識を教示する

生徒たちが根拠をもった予想をできるようにするために，授業の前半では，プリント教材を用いて，前提となる知識として，蕪村と一茶の作風と「対比」の技法を教えた。

◆小林一茶…江戸時代の俳人。三歳で実母と死別。後に妻や子にも先立たれる。そういった境遇からか，小動物や弱いものに優しい目を向けた作品が多い。

◆与謝蕪村…江戸時代の俳人。画家としても有名。その作風は絵画的で，単純で鮮明な印象の句が多い。

◇読みの極意「対比」…対照的なイメージをもつＡ・Ｂを並べることで，互いを際立たせる工夫。詩・俳句・短歌等多くの文学で使われる。逆にいえば「対比」を見つけることでより深い解釈，鑑賞が可能になる。

（プリントより抜粋）

理解確認：「やれ打つな蠅が手をすり足をする」の作者は？　対比されているものは？

問１については，一茶か蕪村かの２択で挙手させた。一人だけ蕪村の方に挙げたが，他の生徒はすべて一茶の句と答えた。問２についてはペアで相談させてから発表に移ろうとしたが，手が挙がったのは３人ほどだったので，以下の補助発問をした。

(1)「この句の中に出てくるのは何？」→「蠅」
(2)「打つのは誰？」→「人間」

その上で，「対比されているのは？」と問うと，「蠅と人間」→「弱いものと強いもの」「大きいものと小さいもの」といった対比をなんとか導き出すことができた。

理解深化：俳句の空欄に入る言葉を予想させる

「家二軒」の句については，一（いっ），二（に），五（ご），といった一音の語が出

た。その上で、「対比」を考えた場合「少ない方がいいはずだ」ということになり、生徒たちの考えは「ならば、家一軒だろう」という方向へ収束しつつあった。そこで、ここは教師から「確かに、『一軒』は大きな自然と小さな人間という対比が際立っていいが、蕪村は『二軒』とした。たった一軒で自然に立ち向かう強さよりも、二軒が身を寄せ合う姿を描くことで、人間の小ささ、無力さが際立つのではないか」という解釈を説明した。ただしこれは教師自身の解釈であり、本当かどうかはわからない。

「蟻の道」の句については、蟻、鳥、の2つの意見が出た。これは教師から「『蟻』が正解。なぜなら『蟻』とした方がより多くの対比が生まれるから」と種明かしをした上で、「『蟻』ならどんな対比がある？」と問いかけた。上下、大小、という対比は比較的すぐに出たが、「まだあるよ！」と促すと、しばらくして、ある生徒から「色（雲の白と蟻の黒）」という意見が出た。この答えには、あちこちで「なるほど！」という感嘆のどよめきがあがった。

自己評価：楽しい活動を通してしっかり学ぶことができた

以下に、生徒たちの振り返りの記述をいくつか抜粋する。
- わかって景色を思い浮かべるとすごい気持ちいい。
- 俳句づくりの深さについてわかった。話し合いもしっかりできた。意外と楽しかった。
- 班でたくさん話し合うことができました。また、俳句についてちゃんと考え、空欄を埋めることができました。楽しかったです。
- いっぱい間違えたけど、予想することで俳句を読む力がつくと思いました。

多くの生徒が「楽しかった」と書いてくれており、授業としては盛り上がってよかったのではないかと思っている。空欄予想という形が、生徒たちに取っつきやすかったのではないだろうか。教師としては、教えたこと（作風や対比）を使って生徒が正解にたどり着けた部分はねらいどおりで、手ごたえを感じることができた。

以下は、次時の創作で生徒たちがつくった俳句の一部である。全体的に対比を意識した句が多く、本時の授業内容が生かされているように思われる。

　初雪や白く輝く夜の空
　風邪なのに元気にあそぶ子どもたち
　北風をこらえて自分の花さかす

| 社会 | 1年 | 地理的分野　日本の諸地域／中国・四国地方 |

本州四国連絡橋の無料化は，四国にとってプラスか？

澤口良夫

単元の構成（6時間）

※丸数字の時数を「教えて考えさせる授業」で展開

時数	指導内容
1 2 3 ④	○中国・四国地方を大きくながめて ・生活の舞台となる自然環境の特色を押さえる。 ・人口や産業の特色をおさえる。 ・地方中枢都市，広島の役割とその課題を押さえる。 ・高齢化が進む農村について押さえ，過疎対策を考えさせる。 　教　中国・四国地方の山間地域と離島における過疎化 　考　過疎化対策
❺	○交通網の発展による地域の変化 ・本州四国連絡橋の建設によるストロー現象の発生について押さえ，高速道路無料化の是非について考えさせる。《本時》 　教　瀬戸大橋開通によるメリットとデメリット 　考　高速道路（本州四国連絡橋）の無料化の是非 ・新青森駅の開通による東北地方のストロー現象について考えさせる。（宿題）
6	○中国・四国地方の学習をふりかえって ・「都市と農村の変化と人々のくらし」の観点から，中国・四国地方はどんな地域なのか，自分の言葉でまとめさせる。

【単元について】

　地理の学習では，単に「資料の読み取り」に終始するのではなく，そこから見える人々の生活を感じ取らせたい。本時では，「ストロー現象」（交通網の整備により地方のヒト・モノ・カネが大都市に吸い取られること）について説明した後，ニュースで話題になっている「高速道路無料化」を取り上げ，地域に住む人々の生活への影響を考えさせる。本時を「教えて考えさせる授業」で展開することで，学習したことを活用して人々の生活に直結する問題について思考を深めさせることができると考えた。

第2章 「教えて考えさせる授業」の実際　社会

本時の展開 (5／6時)

●目標●
本州四国連絡橋の開通が人々の生活へ与えた影響について理解できるようにする。

教える	説明	①**本州四国連絡橋の開通について，次の点から説明する。** ・明治時代からの長年の悲願であったこと。 ・瀬戸大橋，明石海峡大橋，しまなみ海道の3つをまとめて「本州四国連絡橋」ということ。 ・本州，四国間の移動にかかわって，最大のメリットは交通手段の変化と移動時間の短縮であること。 ・人やもののつながりが深まりつつあること。 ②**本州四国連絡橋が開通したことによるメリットとデメリットを押さえる。** ・資料やグラフを提示し，四国の人にとって，観光客数の増加や工場の進出などの正の影響と，県外への買い物客の増加や宿泊客数の減少など負の影響があったことをとらえる。 ・地域経済に負の影響が生じた「ストロー現象」が起きたことを押さえる。
考えさせる	理解確認	③**本州四国連絡橋が開通したことのメリットとデメリットを確認させる。** ・メリットとデメリットについて，説明段階②で提示した資料を取り上げて，具体的数値を挙げながら隣同士で交互に説明し合う。
	理解深化	④**「高速道路無料化」（本州四国連絡橋の無料化）の是非について考えさせる。** ・民主党政権が掲げる「高速道路無料化」は，「中国地方にとって将来，活性化につながるのか」という現実問題を投げかけ，その是非についてまずは個人ごとに自分の考えをもたせる。その後，グループごとに意見の交流をさせる。 ・全体で「無料化の是非」について議論させる。 ・その際，説明段階②で提示した資料のグラフが，高速道路を無料化することによって，今後どのように変化すると予想できるのかを根拠として発表させる。 ・「人口や都市，村落」という視点と「無料化」を関連づけて考察させたい。 ⑤**新青森駅の開通による東北地方のストロー現象について考えさせる。（宿題）**
	自己評価	⑥**今日の授業でわかったこと，まだわからないことを記述させる。** ・本州四国連絡橋の開通が人々の生活に与えた影響について，どこまでわかったのかを中心に記述させる。

57

指導のポイント

教師からの説明①：説明内容の焦点化

導入で，「明治時代から続く四国の人々にとっての長年の悲願である瀬戸大橋が，1988年に開通したこと」を資料（スライド）で説明する。

本州四国連絡橋の開通が人々にどのような影響を与えたのかを考える際に，従来であれば，「開通が人々にどのような影響を与えたか」とすぐに予想させてきたが，様々な視点からの意見が出て，本時で迫らせたい核心にいたるまでに時間がかかってしまうことがあった。そこで本時では，「人口や都市，村落を視点とした考察」として，開通の最大のメリットが「交通手段の変化」（船や航空機から自家用車へ）と「移動時間の短縮」であることを，まず押さえた。そうすることで，すべての生徒が本時の核心に迫る共通のスタートラインに立つことができた。

教師からの説明②：資料に基づいて，橋の開通による様々な影響を押さえる

本州四国連絡橋の開通による地域の空間結合に起因する「正の影響」と「負の影響」について，資料をもとにまとめさせる。「正の影響」として，観光客数の増加，新たな工場進出の増加，農水産物の販路拡大と出荷量の増加という3つを押さえる。「負の影響」として，宿泊客数の減少，ストロー現象が起きたという2点をまとめさせる。開通は長年の悲願であったが，予想していなかった「負の影響」が出たことを読み取ることができるようにする。

社会科ではともすると資料過多になるきらいがあるが，資料活用能力の育成をはかるうえでも提示する資料を最低限のものに絞った。そうすることで，どの生徒も「資料からどんなことが読み取れるのか」を確実に押さえることができた。また，単に資料から読み取れることで終わることなく，「観光客数が増加している」というグラフからの読み取りをした後に，「このことからお土産屋さんやレジャー施設などの売り上げが増加しているのではないか」と，そこに住む人々の生活につなげて推論する生徒も出てきた。

理解深化：高速道路無料化に賛成か，反対か

本州四国連絡橋の開通による「正の影響」と「負の影響」については理解できたが，いざ「無料化の是非」を問われると，生徒は「え～，どっちがいいの？ わからない」

と一様に頭を抱えた。それは，1つの資料だけでは簡単に判断できないことを生徒が理解したことの表れであるととらえた。多面的・多角的に思考した上で判断しようとしている生徒の姿そのものであった。

「賛成か，反対か」の2択にすることで，資料を新たに増やすことなく，理解確認段階までに押さえたことを基に判断させ，理由を表現する活動として位置づけることが可能となった。判断に悩む生徒に対しては，前半に提示した折れ線グラフなどの資料が，高速道路を無料化することでどのように変化すると予想できるかを考えさせることで，判断するよりどころとさせた。

〈賛成〉 中国地方の産業を発展させるためには，交通の発達は欠かせない。無料化することで，阿波尾鶏を安い値段で売ることができるようになると思う。そうすれば出荷量がさらに増え，徳島は豊かになると思うから。
〈反対〉 確かに中国地方から四国地方にも人は来るけど，四国地方から中国地方に行く人の方が多くなると思うから，ストロー現象が進むと思う。そうすれば，過疎化がさらに進んでしまうと思うから。

また，実際に授業の中で考えさせる時間はなかったが，本時で考察したことをもとに，私たちが住む身近な地域に目を向けさせるために「東北新幹線の新青森駅開通」が岩手にどのような影響を与えるかについて，レポート作成を宿題で取り組ませた。

・青森から岩手に来るのが簡単になったので，岩手に観光客が来て岩手県内でおみやげや物を買うことで岩手にとってはメリットだと思う。
・今までは青森の人が買い物に行けるのは盛岡までが限界だったけど，新幹線が開通したことで，仙台まで一気に行けるようになると思う。そうすれば，岩手にとってはマイナスの影響があると思う。

自己評価

ある生徒は学習のまとめとして，自己評価に次のような記述をしている。

「本州四国連絡橋ができたことで人やもののつながりが深まり，よいことばかりではなく『ストロー現象』などのような負の影響もあったことがわかった。ニュースで高速道路無料化の話は聞いたことがあったけど，無料化することがよいことなのか簡単には判断できないからかなり悩んだし，人によって考えが違うんだなと思った。難しい問題だと思う。どうなるのかニュースを見ていきたい。」

| 社会 | 2年　歴史的分野　江戸幕府の政治 |

「田沼の政治」は失敗か？

藤山英人

単元の構成（6時間）　※丸数字の時数を「教えて考えさせる授業」で展開

時数	指　導　内　容
1	○農業や諸産業の発達 ・江戸時代における農業や諸産業の発達の具体を示す。 ・人口のグラフ等と関連付け，新田開発の限界を教える。 ・商品作物の栽培，加工，販売で百姓と町人が収入を得たことを理解させる。
②	○享保の改革と社会の変化 　教　享保の改革でとられた政策の具体を示す。 　考　享保の改革は，なぜうまくいかなかったのか？ ※江戸時代の人口のグラフと米価とを関連付け，米の生産量が増えても幕府の財政難解消は困難であることを読み取らせる。
❸	○田沼の政治　《本時》 　教　田沼の政治でとられた政策の具体を示す。 　考　田沼の政治は，失敗だったのか？
④	○寛政の改革 　教　寛政の改革でとられた政策の具体を示す。 　考　「重農」「重商」「身分制の強化」のうち，幕府の財政難を解消するための最も効果的な政策はどれだろうか？
5 6	○外国船の出現と天保の改革 ・外国船の接近とそれに対する幕府の対応を示し，幕府に新たな課題（外交）が生じたことを理解させる。 ・既習内容と大塩平八郎の乱，天保の改革とを関連付け，幕府政治の行き詰まりを理解させる。 ・行き詰まった幕府政治に対し，自分なりの改善策をミニ・レポートにまとめる。

本時の展開 (3／6時)

●目標●
田沼の政治の具体を理解するとともに，その政治の意義について，自分の考えをまとめて発表できるようにする。

教える

予習
・予習プリント：本時の学習内容にかかわる既習内容と，本時の学習内容（教科書の太字を中心に）を，空欄補充問題として事前に取り組ませておく。

説明
①「田沼の政治」について説明する（理解確認課題を予告してから説明する）。
・株仲間の奨励，特権の授与と営業税の徴収
・長崎貿易の活性化（銅の専売制，俵物の輸出拡大，蝦夷地の調査）
・印旛沼の干拓

考えさせる

理解確認
②田沼の政治のキーワードを選び，選んだ理由を説明させる。
・「農業の重視」「商工業の重視」「身分制の強化」「倹約」などのキーワードを提示し，田沼の政治に最もよくあてはまるものを選ばせる。
・個人で記述させたのち，隣の席の生徒に記述内容を説明させる。
・選んだキーワードはどれかを挙手させ，全体の理解状況を確認する。理解度が低い場合には説明を追加する。

理解深化
③田沼の政治の成否について判断させる。
・「田沼の政治は成功？ 失敗？ どっちだったのかな？」と発問し，自分の考えをワークシートに記入させる。

【教科書の記述】
この時代は，商工業が活発になり，自由な風潮の中で学問や芸術が発展しましたが，地位や特権を求めてわいろが横行しました。また，1783（天明3）年の浅間山の大噴火などにより凶作が続き，天明のききんが起こりました。各地で百姓一揆や打ちこわしが起こり，意次は老中をやめさせられました。
（東京書籍『新しい歴史』）

④判断した内容や根拠について，意見交流させる。
【予想される生徒の発言】
・商工業は活発になっているので，財政難の克服という点では成功
・各地で一揆や打ちこわしが起きるということは失敗
・噴火やききんを政治で防ぐのは難しい。改革としては成功と言えるのでは？

自己評価
⑤本時の学習内容を振り返らせる。
・他の生徒の考えを踏まえて再度判断させ，理由を記述させる。
・「わかったこと」「よくわからなかったこと」を自己評価用紙に記入させる。

指導のポイント

「教えて考えさせる授業」で「理解させる歴史学習」へ

今回改訂された中学校学習指導要領の歴史的分野の解説に，改訂の要点にかかわる次の記述がある。

> なお，各中項目に記す「理解」とは，思考や表現の過程なども踏まえて学習内容を十分に分かりながら身に付けることを意味しており，機械的・表面的な「記憶」だけを表すものではない。よく考え納得して身に付けた内容は，単純な記憶やその再生とは違って，焦点や脈絡をもった自分の言葉で表現できるものである。それはまた，自在に活用ができる本当の意味の「基礎・基本」となるはずである。

歴史的分野に限らず，社会科は「暗記科目」であると言われる。しかし，社会科が目指すのは，やみくもに多くの知識を習得させることではない。習得した知識から，法則性やより大きな概念を見いださせることにより，社会を見る目（見方や考え方）を養うことである。見いだした法則性や概念をもとに，社会のあるべき姿について考え，その実現に向けて行動しようとする意欲と実践力を育むのが社会科の学習であると考える。

歴史的分野の学習は，「これまでに生きた人々の営み」について学ぶものである。そこには人々の「意図」があり，「因果関係」が存在する。これらは，複数の歴史的事象をつなぐ焦点や脈絡となるものである。しかし，「田沼の政治では，株仲間が奨励され，長崎貿易が活性化されました」など，個別の知識を羅列的に伝えるだけの授業では，生徒が焦点や脈絡に気づくことは難しいだろう。歴史学習を「覚えさせる」ものから「理解させる」ものへと転換しなければ，歴史学習はこれからも「暗記科目」との批判を浴び続けることになる。

しかし，十分な知識を教えずに，「自分が政治家になったつもりで，幕府が財政難を克服する方法を考えよう！」とするのもどうだろうか。学級の実態にもよるが，「社会科的な」「多面的・多角的な」思考による意見交流ができるだろうか。また，「田沼の政治について調べよう」と，基礎的・基本的な情報の1つ1つを，資料から見つけ出させれば，生徒たちはそれらの知識を「よく考えて納得して身に付けた」と実感できるのだろうか。

「教えて考えさせる授業」では，基礎的・基本的な知識を効率的に習得させてから思考させる。そして，納得・了解させることにより，歴史的事象について理解させることができる。まさに，これからの歴史学習のあり方を示す授業論であると言えよう。

理解確認①：生徒のメタ認知と教師のメタ認知

　本事例では，理解確認の方法として「キーワード」を用いている。具体的には，複数示したキーワードのうち，「田沼の政治」に最もよくあてはまると考えられるものを選ばせ，なぜ，それを選んだのかについて説明し合わせるものである。

　キーワードを示す理由としては，授業者にとって，生徒の理解状況が把握しやすいことが挙げられる。教師がわかりやすく説明し，それを生徒が正しく受け止めることができていれば，「身分制の強化」や「倹約」ではなく，「商工業の重視」が選択されるはずである。他方，「農業の重視」を選択した生徒については，選んだ理由が，商品作物の栽培・加工・販売か，米作かで，対応は変わってくる。このように，キーワードを選ばせ，その選択理由を説明させることにより，理解状況の把握がはかられるものと考える。

　理解確認課題は，授業の中で生徒に軽いメタ認知をさせる場である。それと同時に，教師にもメタ認知を促しているように思える。どのように情報を提示すれば，自分の説明は伝わるのか。教師の説明について要約させる理解確認課題を提示し，分析することで，自分の教え方について振り返らざるをえないからである。

理解確認②：実際の授業では──ワークシートに見られた生徒のつまずき

　田沼の政治の概要について説明する前に，次のように指示を出した。

> 　これから，田沼の政治について説明します。説明を受けて，田沼の政治のキーワードを一つ選んでもらいます。「身分制の強化」「農業の重視」「商工業の重視」「倹約」のうち，どれがあてはまるか，ということを意識して説明を聞きましょう。

　説明の内容は，従来の授業と大きくは変わらない。入試でよく出題されるポイントや用語の解説も行った。ただ，事実の羅列にならないように，政策の意図や因果関係についても説明するよう留意した。

　この説明の結果，約7割の生徒が「商工業の重視」を選択した。理由には，「貿易を活性化したり，商工業者（株仲間）にしっかり稼がせて，そこから税をとるようにしたりしているから」など，複数の事象を根拠にした記述が多かった。しかし，中には「身分制の強化」や「農業の重視」を挙げた者も見られた。理由には，「株仲間という身分を作っているから」「俵物を輸出するには，ワカメや昆布などを栽培するのではないかと思ったから」などの記述が見られた。これらの記述には，「政策についての説明の中の，ある1点のみに着目して答えている」という共通点が見られる。

そこで，複数の事象を根拠に考えるように指示をした。これにより，「商工業の重視」を選びながら，「長崎貿易を活性化したから」などの１点のみを根拠に考えていた生徒たちも，自分の考えを振り返り，より多面的・多角的に考えることができた。また，ワカメや昆布の生産を「農業」と考えた生徒には，個別に対応して理解を促した。

理解深化①：「教えて考えさせる授業」の積み重ねによる思考の深まり

　田沼の政治の特色をとらえさせる際に，田沼意次が「商工業を重視した」ことの重要性を実感させたい。しかし，その成否のカギは前時までの学習にある。江戸幕府が，「なぜ」「いかに」米にこだわっていたかという知識を納得して身に付けていなければ，田沼の重商主義政策に対する，生徒たちの納得の度合いが変わってくるからである。そのため，本事例では，前次の享保の改革の授業でも「教えて考えさせる授業」を設定している。米にこだわった享保の改革が，なぜうまくいかなかったのかを理解深化課題として考えさせ，体得させた知識が，本時の理解深化課題で生きてくるのである。
　このように，「教えて考えさせる授業」を効果的に配置することで，学習を重ねるごとに，より大きな法則性や概念を習得させることができ，歴史的事象に対する理解を深めることが期待できる。

理解深化②：実際の授業では——噴火やききんの責任は幕府にあるの？

　理解深化課題に取り組ませる際には，小集団や全体で話し合う前に，個人思考の場を設定している。本時でも，発問に対する自分の考えをワークシートに記入させた。
　「田沼の政治は成功？　失敗？　どっちだったのかな？」の問いに対し，大多数の生徒が「失敗」と考え，「成功」と考えた生徒は少数派だった。そして，それぞれの判断理由について，次のような意見が出された。
- 商工業が活発になって，学問や芸術が発展しても，わいろが横行したり，百姓一揆や打ちこわしが起きたりしているから，失敗だったと思う。
- 商工業に力を入れて，商工業が活発になっているのだから，成功だと思う。
- 「やめさせられた」とあるのだから，「失敗」ということなのだと思う。

　このように，教科書の記述に基づき，それぞれの判断理由を多くの生徒が述べた。しかし，これでは深化とまでは言えないだろう。いわゆる「ゆさぶり」の場面が欲しい。
　そこで本時では，机間指導の際に見られた次の意見により，思考の深化を試みた。「『浅間山の大噴火などにより凶作が続き，天明のききんが起こりました。』とあるが，

それは『田沼の政治のせい』ではないと思う。そうすると，商工業が活発になって，学問や芸術も発展しているのだから，田沼の政治は成功だと思う。」

「噴火やききん（凶作）は幕府政治の責任なのか」――このことは，生徒の考えをゆさぶる発言となった。ある生徒は，「確かに，そこまで幕府に求めるのは難しい」ということで立場を変えた。逆に，「噴火やききんが起きたのは幕府のせいではないかもしれないが，それに対する備えが十分でなかったのだから，やはり失敗だ」と反論する生徒も見られた。本時では，田沼の政治の成否について話し合うことにより，「政府の責任」についても生徒は考えることができた。このことは，幕府政治がさらに行き詰まる今後の学習だけでなく，政治の見方や考え方を養うことにもつながるものと考える。

こうした話し合いののち，自己評価課題として再度判断を記述させた。ある生徒は，「最初はやめさせられたんだから失敗だろう，と単純に考えていたけど，○○君の意見を聞くと，確かに噴火やききんまで幕府の責任にはできないかなと思った。商工業は活性化しているから，そこから税がとれれば成功になると思う。」という意見を記述していた。全体としても，田沼の政治を「成功」と見る生徒が約半数に増えていた。

この深化課題に，いわゆる「正解」はない。しかし，他の生徒の意見をふまえ，多くの生徒がより多面的・多角的に思考している様子が見てとれた。また，単なる感覚だけでなく，根拠となるものを習得させ，その上で判断することができた。これは，「教えて考えさせる授業」を取り入れたことによる成果であると考える。

確認課題	
（　）身分制の強化　　（○）商工業の重視 （　）農業の重視　　　（　）倹約	理由　*商工業者をもうけさせ，そこから* *税をとろうとしているから。*
深化課題：田沼の政治は成功？　失敗？ 　*失敗だと思う。わいろが横行しているし，百姓一揆や打ちこわしが各地で起きていて田沼は「やめさせられた」とあるから。*	
自分の考えをまとめよう 　*ききんや噴火まで田沼の政治の責任にするのはちょっときびしい（運が悪い？）と思う。商工業は活性化されていて，財政難を改善したいという，やりたいことはできているのだから，成功と言えるのではないかと思う。*	
今日の授業で「よくわからなかったこと」がある人はここに書きましょう 　*田沼が自分でやめるのならわかるけど，なぜやめさせられなければならなかったのだろう？*	
今日の授業はたのしかったか 　　　←Yes　4　3　2　1　No→	今日の授業は理解できたか 　　　←Yes　4　3　2　1　No→

社会● 3 年 公民的分野　私たちと経済

財政の働き
―財政がピンチ?!　あなたが大臣だったら―

岡本千尋

単元の構成（5時間）
※丸数字の時数を「教えて考えさせる授業」で展開

時数	指　導　内　容
①	○政府の仕事と租税 　㊍ 政府の経済活動と租税・景気の調整 　㊂ 国民経済と税金の関係について，図を完成させる。 　㊂ 世界の消費税と日本の消費税を比較し，どのような傾向があるのか考えさせる。
❷	○財政の働き　《本時》 　㊍ 財政政策の目的と働き 　㊂ 国民経済と税金の関係について，図を完成させる。 　㊂ 世界の消費税と日本の消費税を比較し，どのような傾向があるのか考えさせる。
3	○社会保障と国民の福祉
4	○公害の防止と環境保全
5	○日本経済の課題

【使用した主な教材】

財務省ホームページより「国家財政を家計に例えたら…」

『新編　新しい社会　公民』（東京書籍，2006）

『見る，解く，納得！公民資料』（東京法令出版，2010）

第2章 「教えて考えさせる授業」の実際　社会

本時の展開（2／5時）

●目標●
- 日本の財政の働きや特徴をわかりやすく説明することができる。
- 日本の財政が現在抱えている問題に着目し，適正な財政に近づけるための方法を自分なりに考えることができる。

教える

予習
- 国家財政を家計に例えた資料（「財政を家計に例えたら」財務省HPより家計部分のみ抜粋）を見て，家で保護者などにこの家計を見てどう感じるか取材させる。
- 取材をして考えたこと，感じたこと，疑問に思ったこと，知りたいと思ったことを書かせる。
- 教科書を見て，本時の学習内容のまとめをさせておく。

説明
①予習プリントで取材したことや疑問点を発表させる。
- この家計が正常でなく，使い方に大きな偏りがあることが出ればよい。
- どうして，このような借金をしなければならないのか，使い方はこれでいいのかなど，この家計の問題点に着目できるようにする。

②国家財政を家計に例えてわかりやすく説明する。
- 資料（上記財務省HP）を提示し，予習で用いた家計が，現在の国家財政を元に作成された物であることを伝え，財政に関する用語（社会保障費など）を家計に例えてわかりやすく説明する。

③歳入と歳出を示した資料（教科書等にある歳入・歳出のグラフ）を示し，グラフで財政を構成する要素の割合を確認させ，特色を読み取らせる。
- 主な歳入は租税であるが足りず，約半分は公債金でまかなっていること，歳出では，社会保障費をはじめ，公共事業，地方への交付金に使われているが，国債費も多くを占めていることを読み取らせる。

考えさせる

理解確認
④資料（上記③で用いた歳入・歳出のグラフ）を見ながら，財政の働きや特徴について，隣の人が理解できるようにわかりやすく説明させる。
- 財政の目的と歳入や歳出の特徴について，小学生の弟や妹でも理解できるような説明をするように伝える。
- 教師が初めに説明の仕方のモデルを示す。

「財政の目的は，国民の生活をよくすることです。主な収入は税金だけど足りないので，約半分を公債という借金でまかなっています。使い道は，社会保障費というわたしたちの生活を助けるためのお金や，道路や学校を作ったりする公共事業，県や市が活動する時に使うお金をあげたりしています。でも，国債費という国がしている借金を返すためにも多く使われています。」

<table>
<tr><td rowspan="3">理解深化</td><td>⑤資料（教科書にある，税収・社会保障費等の変化を示すグラフ）と，借金時計の映像（財部誠一HP「借金時計」より）を見せ，財政がどのように変化しているか確認させる。
・ここでは，借金を放っておくと教育や公共事業などが圧迫されてしまい，わたしたちの生活に直接影響が出ることや，他の国からの信用を失ってしまうことなどを伝える。
・財政がどのように変化しているのか，このままだとどのような状況になるのだろうかという，今後の財政についての関心を高めるようにする。</td></tr>
<tr><td>⑥国家予算の現状と将来の財政のあるべき姿について，ワークシートに基づいて4人グループで考え，発表させる。
［ワークシート］あなたが大臣になったら……
あなたならどのような政策を実施しますか。
国の歳入を増やす・減らすの2つの視点で考えてみよう。

	考えられる政策	メリット	デメリット
歳入を増やす			
歳出を減らす			

・政策については，無駄遣いをしない（例：事業仕分け）や，歳入を増やす（例：増税）といった意見がでると予想される。そうした政策は，これまで考えられており，議論が尽くされていることを最後に触れたい。</td></tr>
</table>

自己評価	⑦今日の授業について振り返りをさせる。 ・わかったこと，まだよくわからないこと ・友達の意見を聞いて考えたこと，感じたこと

指導のポイント

予習の活用

　授業時間内で習得すべき内容を教え，さらに深めさせるために，各小単元でプリントを作成し予習を行っている。プリントの内容は，①本単元に関わる課題（家への方への聞き取りや，家庭で簡単に調べたり，考えたりすることができるもの），②今日の学習内容（教科書を引用し，要点をカッコ抜きにしたもの），③今日の学習内容に関する発展課題である。予習プリントではあるが，授業後に行う課題（③）も一緒に載せている。

生徒たちは，あらかじめ学習内容を知っているので，発表や板書もスムーズである。

また，授業時間内では扱いきれない事項（学習内容に関連した新聞記事など）も③の課題に盛り込むことで，考える機会をもつことができる。

教師からの説明／理解確認：国家財政を身近なものとして捉えさせるための工夫

国家財政を考える際，生徒たちは用語の難しさや金額の大きさで，日本の国家財政の特徴や問題点に気づきにくい。家計に例えることで，より身近なものとして捉えられ，財政のバランスが悪いことや，公債金の占める割合がいかに大きいかということを理解しやすいのではないかと考える。

理解確認課題では，日本の国家財政について，特徴を踏まえて理解できているかを確認するため，2人組で財政についてグラフを見ながら説明する活動を取り入れた。教師のモデルを参考にしながら，自分なりに考えながら説明することができれば，理解できているということができる。

理解深化：日本の財政の問題点を踏まえて解決策を考えさせる

理解深化課題では，財政政策の目的や働きを踏まえた上で，日本が抱えている問題について考察を深めていく課題を設定した。現状が続くとどのような問題が発生し，自分たちの生活にどのような影響があるか気づかせた上で，社会背景のなかで，財政のあるべき姿を考え，自分が大臣であればどのような対策を行うか考えさせている。財政政策に関しては，あらかじめ地方分権の学習の際に扱っておけば，その経験をもとにして，国家の財政政策についても容易に考察をすることができる。

授業では実際に，「おかしに税金をかける」「衆議院議員を少なくする」など，現実の政治の中で検討されているような意見も登場し，それについてのメリット・デメリットも考えた上で実施できるかどうかなど，考えを深めていく様子が見られた。

財政の学習の短期目標は，財政の働きや目的を正しく理解させ，日本の財政の現状に目を向けさせることである。しかし，生徒がのちに「増税は悪いことだ」とか，「国債を発行するなんて，だめな政府だ」といったような短絡的な考えでなく，「この増税は，どうして必要なのか」「今国債を発行することは正しいのか」などと自分なりに考察し，意見をもつことができる目を育てることも大きな目標である。

この授業を実践することで，財政問題について，様々な立場や考え方があることを知り，財政問題について関心を深めることができると考える。

| 英語 | 1年 | 一般動詞の疑問文，応答文，否定文 |

クラスメイトにインタビュー！「あなたは～しますか？」

久保田千晶

単元の構成（7時間）

※丸数字の時数を「教えて考えさせる授業」で展開

時数	指導内容
①	○一般動詞の肯定文 ・自分が普段していることを紹介できるような自己紹介文の原稿を考えさせる中で，一般動詞を使った肯定文を使えるようにする。 　**教** 一般動詞を使った肯定文の作り方（be動詞を使った文と比較して） 　**考** 自己紹介文を考えさせる中で，一般動詞を使った肯定文を実際に使わせる。 　　I'm Ken.　I play soccer.　I like red. など
2	・自己紹介文の発表，教科書本文の内容理解，音読
❸	○一般動詞の疑問文，応答文，否定文 ・普段していることについて，クラスメイトとインタビューさせ合う中で，一般動詞を使った疑問文や応答文，否定文を使えるようにする。《本時》 　**教** 一般動詞を使った疑問文と否定文の作り方，質問への答え方 　**考** 一般動詞の疑問文を自由に考えさせ，応答文や否定文とともに，インタビュー活動の中で実際に使わせる。 　　Do you eat *natto*? ─ Yes, I do. ／ No, I don't.　I don't eat *natto*. など
4	・前時に質問した文のライティング活動，本文の内容理解，音読
⑤	○一般動詞を使った what 疑問文，応答文 ・好きな食べ物などについて，クラスメイトとインタビューさせ合う中で，"What … do you ～?" という表現を使えるようにする。 　**教** 一般動詞を使った what 疑問文の作り方，質問への答え方 　**考** 一般動詞を使った what 疑問文を自由に考えさせ，インタビュー活動の中で実際に使わせる。　What food do you like? ─ I like *sushi*. など
6	・前時に質問した文のライティング活動，本文の内容理解，音読
7	○単元の復習 ・一般動詞の使い方の復習，リスニングなど

第2章 「教えて考えさせる授業」の実際　英語

本時の展開（3／7時）

●目標●
○助動詞 do を使った一般動詞の疑問文，応答文，否定文の作り方を理解する。
○助動詞 do を使って，相手に普段していることを英語で尋ねたり，相手の質問に適切に答えたりすることができるようになる。

教える	予習	・ワークの一般動詞の疑問文のポイントを，ノートに写してくる。
	説明	①プレゼンソフトを使い，前時に学習した動詞と文を口頭で復習させる。 　例）play，I play baseball. ②一般動詞の疑問文の作り方，応答の仕方，否定文の作り方について，ポイントを板書しながら説明する。 ・次の2つのポイントに絞って説明し，ワークシートにまとめさせる。 　1. 一般動詞を使って「あなたは〜しますか」と尋ねるときや，「私は〜しません」と否定するときには，助動詞 do を使う。 　　・「あなたは〜しますか」と尋ねたいときは，Do you 一般動詞 〜？ 　　・Do できかれたら，do で答える。 　　・「私は〜しません」と言いたいときは，I don't 一般動詞〜． 　2. be 動詞と一般動詞は一緒に使わない。（※いま学習している時点では） ③絵を見せながら，疑問文と応答文，否定文のパターン練習をさせる。 ・プレゼンソフトを使って絵と共に英文を映し出し，テンポよく行う。 　例）Do you eat *natto*? — Yes, I do. ／ No, I don't. I don't eat *natto*. ④質問と応答の練習をさせる。 ・パターン練習で使用した文をそのまま使って，実際に教師に質問させたり，教師の質問に答えさせたりする。
考えさせる	理解確認	⑤一般動詞の疑問文，応答文，否定文の構造について理解度を確認する。 　例）（　　）Are you like *sushi*? ／（　　）Do you like *sushi*? ・2つの英文のうち，正しい方を選び○をつけさせ，なぜもう一方の英文では×なのか，理由を考えさせる。 ・個人で考える時間をとった後，ペアで，どちらの文がなぜ間違っているかを，相手に説明させる。その後，クラス全体で答えを共有する。
	理解深化	⑥相手に，普段していることを尋ねたり，相手の質問に答えたりするインタビュー活動を通して，一般動詞の疑問文や応答文，否定文を実際に使わせる。 ・「あなたは〜（ＴＶ番組名）を見ますか。」など，5つの動詞を使った質問の「〜」にあたる部分を自由に考えさせ，日本語で簡単にメモさせる。 ・日本語のメモだけを頼りに，頭の中で英文を考え相手を見て会話させる。 　例）Do you watch *"Doraemon"*? 　　　　　— Yes, I do. ／ No, I don't. I don't watch *"Doraemon"*.
	自己評価	⑦振り返りカードで本時の授業を振り返らせる。 ・本時の授業でわかったこと・できたこと，まだよくわからないこと・できなかったことを，具体的に記入させる。

指導のポイント

教師からの説明：ポイントの焦点化とICTの活用

　ポイントを絞り，教えるべきことをシンプルにわかりやすく示そうと意識した。今回は，ポイントを2点にまとめ，例文と共に板書した。また，黒板だけでなく生徒の手元にも残るよう，ワークシートを使って同じようにまとめさせ，ノートに貼らせた。

　また，復習とパターン練習の場面ではプレゼンソフトを使用し，絵や写真，単語や文などを大型テレビに映し出した。例えば，野球をしている男の子の絵を映し出して一般動詞のplayを発音させたり，"Do you play baseball?" と文で言わせたりした。eat, watch, likeなど，他の動詞や文についても同じように口頭のパターン練習を行った。次々と画面を変えてテンポよくたくさん練習させ，文型に慣れさせることを心がけた。

理解確認：ペアでの確認方法と全体での確認方法

　ペアで説明させる際，どのようにして説明したらよいか戸惑うことがないよう，「〜が正しいと思います。なぜならもう1つの文は…だからです。どうですか」という話型を準備した。また，スムーズに説明活動に入れるよう，机を合わせて物理的な距離を縮め，とにかくプリントを突き合わせてお互いの答えを確認することができるように配慮した。

　机間支援の間にだいたいの出来ぐあいを把握し，教師が指名して，まず「どちらの文が正しいか」のみを答えさせた。次に，「この意見に賛成の人？」と全体に尋ねて挙手させ，さらに「理由を説明できる人？」と尋ねた。こうすることによって全員の参加意識を高められるだけではなく，クラス全体の理解度を効率よく把握することができた。

理解深化：活用させるなかで定着をはかる

　本時のゴールとしてめざしたのは，ここまでの段階で，頭では理屈を理解している "Do you 〜?" などのアイテムを，実際に自分で使って，試行錯誤しながら質問したり，質問に答えたりする生徒の姿である。書かれた英語をただ読むのではなく，言語として実際に英語を発することを重視するために，尋ねたいことを書かせるのはメモ程度にし，相手の目を見て会話するよう指導した。また，次時では，実際に自分が質問した文を英語で書かせるライティング活動を行い，さらなる理解度の定着をはかった。

「教えて考えさせる授業」のよさ

　「教えて考えさせる授業」と出会う前は,「文法の説明は必要最小限。とにかく使って英語の感覚に慣れさせよう。そのためにはコミュニケーション活動だ！」と思っていた。初めは驚いたが, 実践していくうちによいと実感したポイントは次の3つである。

　①予習：今までは, 新出文法を学ぶ前には特に予習させてこなかった。新出文法は, 授業で導入するまでは秘密扱い, そうしないと授業での楽しみがなくなるとさえ思っていた。しかし, 予習させることによって,「次はこんなことを学習するのか」と, なんとなくでも意識させ, 見通しをもって授業に臨ませることができることに気付いた。

　②いきなり説明：予習とも関連することだが, 今までは, いかに自然な流れの中で文法を導入し, その場面から意味を推測させるかということを重視していた。もちろん自然な場面設定は必要であるが,「教えて考えさせる授業」に出会って, この導入方法は誰にとってもベストなものではないということに初めて気付いた。つまり, 塾に行っている生徒は既に知っており, 他の生徒は何もわからないまま意味も推測できない, という状態になるのである。しかし,「教えて考えさせる授業」の「説明」部分で教師が丁寧に説明すれば, そのような差を埋め, 全員を同じスタートラインに立たせることができる。

　③理解度を確認する：今までは, 英語は, ゲームやインタビューなどの活動を通して, とにかく使って慣れさせ, 感覚を身に付けさせることが大切だと思っていた。しかし, コミュニケーション活動に一生懸命取り組んでいて, その時は話せていても, いざテストになるとできていないということがよくあった。授業で教えたことを本当の意味で理解させることができていなかったため, 定着が見られなかったということである。「理解確認」をするようになって,「〜だから…」と説明させる場面が増えたが, 生徒が自分自身の間違いに気付きやすくなり, 文法事項が定着されやすくなってきたと感じている。

　中学生には, ある程度, 英語という言語の仕組みをきちんと教えて理解させることが必要であると実感している。しっかりと理解した上で,「理解深化」の過程で活用させることによって自分のものとして使えるようになり, さらに理解が深まったように思われる。

| 英語 | 2年 | 不定詞の形容詞的用法 |

他用法との区別から理解を深めさせる

元成幸恵

単元の構成 （8時間） ※丸数字の時数を「教えて考えさせる授業」で展開

時数	指 導 内 容
①	○不定詞の名詞的用法 　㊚ 不定詞の形・意味・働き 　㊙ 不定詞の名詞的用法についての理解度をペアで確認させる。 　㊙ もし，宝くじにあたったら何をしたいかを互いに話し合わせる。
2	○本文の内容の理解
③	○不定詞の副詞的用法 　㊚ 不定詞の形（確認）・意味・働き 　㊙ 不定詞の副詞的用法についての理解度をペアで確認させる。 　㊙ ある行動（例：We go to school… / We eat…）に対してその目的をグループでできるだけたくさん出し，英文を作らせる。
4	○本文の内容の理解
❺	○不定詞の形容詞的用法 《本時》 　㊚ 不定詞の形（確認）・意味・働き 　㊙ 不定詞の形容詞的用法についての理解度をペアで確認させる。 　㊙ 不定詞を含むいくつかの文の中から形容詞的用法が使われているもの識別させる。
6	○本文の内容の理解
7 8	○単元のまとめ

第2章 「教えて考えさせる授業」の実際 英語

本時の展開
(5／8時)

●目標●
不定詞の形容詞的用法を理解し，英文を正しく読み取ることができるようにする。

教える	説明 ①	①図書室の写真を掲示し，例文を使って不定詞の形・意味・働きについて説明する。 This is a room to read books. 　　　　　↑修飾　　本を 読むための ・不定詞の形は（to＋動詞の原形）である。 ・「～するための」「～すべき」という意味がある。 ・直前にある名詞を修飾する働きがある。（→形容詞的用法）
考えさせる	理解確認	②不定詞の形容詞的用法についての理解度を確認する。 【課題A】ペアになって本時のポイントをＱ＆Ａ方式でお互いに説明させる。 　Q1　不定詞の形は？　　　　A1　to＋動詞の原形 　Q2　今回習った意味は？　　A2　「～するための・～すべき」 　Q3　どんな働きがある？　　A3　すぐ前の名詞を詳しく説明する働き 　Q4　① I have a lot of homework to do today. 　　　② She wants something to eat. 　　　a) ☐を日本語になおすと？ 　　　b) ☐と＿＿＿をセットで訳すと？ 　　　　A4a) ①「すべき」②「食べるための」 　　　　A4b) ①「すべき宿題」②「食べるための何か」 【課題B】何をするための時間がほしいか，I want time の後に英語を続けて自己表現させる。
	説明 ②	③不定詞の３つの用法を整理させる。特に副詞的用法と形容詞的用法の違いについて説明する。 副詞的用法は不定詞の部分を文頭にもっていっても意味が成り立つが，形容詞的用法は成り立たない。（直前の名詞と切り離せないため）

|考えさせる| ④不定詞を含むいくつかの文の中から形容詞的用法が使われている文を4人1グループで考え，選ばせる。

【クイズの答えを探そう。(形容詞的用法が使われている英文が正解。)】

〈1〉

1　We use this to make a cake.
2　This is a machine to clean the room.
3　We need to use this when we listen to music.

【正解2】

|理解深化|

〈2〉

1　Ms. Motonari bought this *tsukemono-ishi* to make good *tsukemono*.
2　When you go to Easter Island, you can get this piggy bank.
3　In this picture, you can see a Moai to put tissue in.

【正解3】

・グループで話し合わせ，形容詞的用法が使われている文を選ばせる。
・なぜその文を選んだのか（なぜ，それが形容詞的用法だと判断したのか）を　□　や　＿＿＿　や矢印などを使って説明させる。

|自己評価| ⑤今日の授業でわかったこと，まだわからないことを記述させる。

指導のポイント

理解確認：ペアによる教え合い活動

　課題Aでは，教えたこと，つまり不定詞の形・意味・働きがきちんと理解されているかどうか確認するため，一問一答方式でのペア活動を取り入れている。これは自分の口で言ってみることにより自分自身で本時の重要ポイントとその理解度を確認するという目的で行うものである。またQ1からQ3は黒板を見れば答えられる質問なのでQ4で実際に英文を訳させるという課題を入れている。ペアで行うことでわからなければ気軽に聞いたり教え合えるというメリットがある。

課題Bは名詞を詳しく説明するために不定詞を使い，実際に簡単な英文で自己表現ができるかどうかを確認するために設定している。

理解深化：他用法との区別から理解を深めさせる

不定詞には3つの用法があり，形は同じであるが意味が違うので，生徒にとっては混乱しやすい文法事項である。特に生徒が一番混乱しやすいのが「～するために」という副詞的用法と「～するための・～すべき」という形容詞的用法の区別である。そこで深化課題では不定詞を含むいくつかの文の中から形容詞的用法の文を選ばせることで，名詞的用法や副詞的用法との違いの理解を深めさせるという目的でこの課題を設定している。

〈1〉は単純に不定詞の3用法をそれぞれ取り入れ，不定詞の直前が名詞である文を1つにしているため考えやすい課題であると思われる。〈2〉は go to Easter のように不定詞ではないものも混ぜたり不定詞の直前に名詞がきている英文を複数にすることにより生徒が混乱しやすい部分に焦点をあて，理解深化をはかる目的で課題を設定している。なお，英文1では不自然ではあるが「おいしい漬け物を作るためのこの漬け物石」と形容詞的用法で訳す生徒が出てくることも予想されるが，その場合は説明②に立ち返らせ，考えさせたい。また英文〈3〉の to put tissue in という句は高校での学習内容になるので事前に簡単に説明しておく必要がある。

実際の授業では，クイズ〈1〉では，どのグループも不定詞直前の語の品詞に注目し，容易に答えを導き出すことができていた。しかし〈2〉の問題では，選択肢2は不定詞の形ではないことには簡単に気がついていたが，他の選択肢に関してはどのグループでも混乱していた。副詞的用法と形容詞的用法によって修飾される語の品詞を再確認する→それぞれの英文を副詞的用法と形容詞的用法の2通りで訳してみる→説明②に立ち返って考えてみる，という手順で考えさせていくと，混乱の糸がきれいにほどけるのではないかと思われる。

なお，この授業案は文法理解と英文の正しい読み取りを目的としたものであるが，「話す・書く」ことに重点を置くのであれば，A：Do you want time to do something?／B：Yes. I want time to watch movies. といった対話による活動や，1つのものを We use ～で始まる英文と This is ～で始まる英文を作らせ発表させる（例えば We use this machine to listen to music. と This is a machine to listen to music.）という活動も考えられる。

| 英 語 | 3 年 | 関係代名詞 that（発展的活動） |

夢の新商品を売り込もう
―テレビショッピング風に―

橋爪祐一

単元の構成 （3時間）　※丸数字の時数を「教えて考えさせる授業」で展開

時数	指導内容

❶　予習：関係代名詞 that を使う文（夢の新商品を考えるヒントとなる文）の表現を練習させる。

○関係代名詞 that を使って，夢の新商品を考えさせる　《本時》

　教　関係代名詞 that の使い方を確認する。
　　・予習プリントを用いながら関係代名詞 that の使い方を確認する。
　考　関係代名詞 that を使って，夢の新商品を考えさせる。
　　・新商品を日本語で出させた後，英語に直し，ペアで伝え合わせる。
　　・文字を見ないで発話できるようになるまで，ペアで口頭練習させる。

② 　予習：テレビショッピングで使われそうな表現を日本語で考え，それを表す英単語を調べさせる。

○前時に考えさせた夢の新商品から1つを選び，たくさんの人に買ってもらえるようなプレゼンテーションの原稿（テレビショッピング風に）を作らせる

　教　テレビショッピングで使われそうな表現を教える。
　　・予習を想起させ，テレビショッピングで使われそうな表現を教える。
　考　夢の新商品についてのプレゼンテーション原稿を作らせる。
　　・ペアにさせ，対話形式でのプレゼンテーション原稿を作らせる。
　　・原稿（文字）を見ないで発話できることを目標に口頭練習させる。

3 　予習：プレゼンテーション原稿を口頭練習させる。

○発表させ，買いたいと思う商品を選ばせる

　・ペアでプレゼンテーションを行う。
　・各ペアのプレゼンテーションを聞き，買いたいと思う商品を選ばせる。

第2章 「教えて考えさせる授業」の実際　英語

本時の展開（1／3時）

●目標●
関係代名詞 that を使って，夢の新商品について書くことができるようにする。

教える	説明	①予習プリントを用い，関係代名詞 that の用法を確認させる。 ・予習プリントの例文で，関係代名詞 that の使い方を説明する。that 以下が先行詞を説明していることを確認させる。 ・関係代名詞 that を使って，夢の新商品について書くことを伝える。 Today's Goal：関係代名詞 that を使って，夢の新商品について書こう
考えさせる	理解確認	②予習プリントにある例文を口頭練習させる。 ・先行詞までの部分と関係代名詞 that 以下の部分の間に区切りを入れてリピートさせる。 ・文字を見ないで発話できるようになるまで繰り返し練習させる。 ③練習問題を解かせ，英文の作り方を確認させる。 ・練習問題を配布し，与えられた日本語文を英文に直させる。
	理解深化	④夢の新商品を考え，関係代名詞 that を使った英文で表現させる。 ・まず日本語で書き出してから，それを英訳させていく。 ・教師は机間を回り，正しく書けているか確認する。書けていない場合には，予習プリントや練習問題の表現を確認して書けるように指導する。 ・ペアになり，互いの英訳文を伝え合い，内容を推測させ合う。英訳文のみを伝え，どの商品のことを言っているのかを推測させる。 ⑤英訳文を口頭練習させる。 ・ペアで相談し，それぞれ1つずつに商品を絞り込む。 ・英文を見ないで発話できるようになるまで練習させる。
	自己評価	⑥自分が書いた文とペアの書いた文を丁寧に書かせる。 ・本時の定着確認として，できるだけ何も見ないで書かせる。 ⑦今日の授業でできたこととできなかったことを記述させる。 ・関係代名詞 that を正しく使って書けたかどうかを明確にさせる。 ・文字を見ないで発話できるようになったかどうかも明確にさせる。

指導のポイント

単元構成の考え方

本単元は，教科書で関係代名詞 that の用法を学習した後の発展的な言語活動として設定している。そして関係代名詞 that という言語材料を活用することでその定着をはかることを目標としている。また，聞くこと，話すこと，読むこと，書くことの4技能を総合的に育成することにも留意した展開となっている。さらに，プレゼンテーションをすることで他の言語材料（既習表現）の活用とそれらの定着をはかっていくこともねらっている。テレビショッピング風とすることで，買い手の心理にも触れられ，相手意識に立ったコミュニケーション活動になると考える。

また，本単元は，英語に対して苦手意識がある生徒（slow learners）を対象に構成してある。各時間の目標を達成しやすくするために，予習や「教える」場面で扱う表現が「考えさせる」場面に結びつくように工夫している。

「教えること」と「考えさせること」の結び付き

本時の「教える」場面での英文（予習プリントの英文）は，夢の新商品を関係代名詞 that を用いて表現したものにする。そして関係代名詞 that の用法を確認するのと同時に，「考えさせる」場面で生徒が英訳する際に参考にできるような語句を多用したい。そうすることで「考えさせる」場面への抵抗感を軽減することができる。

【本時の「説明」場面で用いる英文の例（予習プリントの文例）】

- This is a robot that cleans rooms.（部屋を掃除するロボット）
- This is a pen that teaches us kanji.（漢字を教えてくれるペン）
- This is a door that can take you everywhere.（どこでも連れて行ってくれるドア）
- This is a machine that can take you to the Edo period.（江戸時代へ連れて行くことができる機械）

第2時の「教える」場面では，予習で考えたテレビショッピングで用いられそうな表現を英語にして教える。ここで教える表現は，命令文や助動詞など様々な言語材料を用いることになり，既習表現を想起させることができる。また「考えさせる」場面で生徒の原稿にも使うことができ，原稿作りをより容易にすることができる。そうすることで英語が苦手な生徒の意欲も損なうことは少ないと考える。

【プレゼンテーションで使えそうな表現の例】
・I agree with you.（あなたの言うことはわかります）
・Don't worry about it now.（もう心配いりません）
・Wow! That's amazing!（おぉ！すごい！）
・It is very expensive, isn't it?（とても高いんでしょ？）
・You can buy it for this price today only.（今日しかこの値段で買えません）
・We have only 50 sets.（限定50個のみのご紹介）
・You should buy it.（ぜひお買い求めください）
・We'll wait for your call.（お電話お待ちしています）

終末のプレゼンテーション活動

　第3時で夢の新商品についてのプレゼンテーションを行う際，より自然な対話になるように，原稿（文字）を見ての発話にならないようにしたい。以下に挙げたプレゼンテーションの例は分量も多く暗記することは難しいが，発話する時には原稿（文字）を見ないということを目標にする。そうすることで，聴き手の反応をみながら発話するという本来のコミュニケーションの形に近づき，話す力の育成につながる。

【プレゼンテーションの例】

A：I don't like English. It's difficult for me to remember how to spell words.

B：I agree with you. But you don't need to worry about it now. This is our new pen called "Magic Pen."

A："Magic Pen?"

B：Yes. This is a pen that can help you when you don't remember the spelling of an English word. Please hold it and write a word.

A：OK. I want to write "Saturday" but I can't.

B：Now please say "Saturday" to the pen.

A："Saturday." Wow! The pen is moving automatically! That's amazing!

B：Yes. This pen knows more than 10,000 English words.

A：Wow! But it is expensive, isn't it?

B：No. It is only 4,900 yen. But you can buy it for this price today only.

A：Really? Then I have to buy it now!

B："Magic Pen." It is only 4,900 yen now. You should buy it. Thank you.

音楽　1年　表現・創作

作曲に挑戦！
― 動機の反復・変化・対照など,「音楽のつくり」を生かして ―

岡本　礼

題材の構成（5時間）　※丸数字の時数を「教えて考えさせる授業」で展開

時数	指 導 内 容
①	○リズムづくり ・4分の4拍子，4分音符，8分音符，4分休符を用いたリズムについて確認し，アルトリコーダーでリズムづくりに取り組ませる。 　教　4分の4拍子，4分音符，8分音符，4分休符の意味と役割 　考　これらを組み合わせて，リズムづくりの活動に取り組ませる。
2	○旋律模倣，ハ長調についての理解 ・「ハ長調の音階」について確認し，ハ長調の音階を生かして簡単な旋律模倣や，第1時でつくったリズムにハ長調の音をつける活動に取り組ませる。
3	○動機をもとにした反復，変化の構成原理の働きや役割 ・既習曲の歌唱や鑑賞を通して，音楽の構成原理（反復・変化）の働きや役割について考えさせる。 ・与えられた動機に続けて，反復を用いた旋律をつくる活動に取り組ませる。
❹	○動機を生かした短い旋律を創る活動 ・動機の「変化」に焦点を当てて，5・6小節目をつくる活動に取り組ませる。 　《本時》 　教　動機を「変化」させるとは，動機の2小節目でリズムや旋律を変化させること 　考　実際に音を出しながら，動機を「変化」させた5・6小節目を創作させる。
5	・動機との「対照」に焦点を当てて，7・8小節目をつくる活動に取り組ませる。 ・アルトリコーダーで演奏した自分や友達がつくった旋律を鑑賞させ，感じ取ったことを発表させる。

※作品は8小節の一部形式の曲をつくることとし，3・4小節目には「動機の反復」を用い，5・6小節目には「動機の変化」，7・8小節目には「動機との対照」を用いて旋律創作を行う。

第2章 「教えて考えさせる授業」の実際　音楽

本時の展開（4／5時）

●目標●
動機をもとにした反復・変化・対照などの構成原理について知覚し，それらの働きを生かして，動機に続く短い旋律を工夫し，創作することができるようにする。

教える	説明	①創作に必要な動機の「変化」のポイントを説明する。 ・動機の「反復」が，「動機のリズムと旋律を繰り返すことでつくられている」ことを振り返る。 ・動機の「変化」について，「動機の1小節目をそのまま生かして動機の2小節目のリズムや旋律を変化させる」というポイントを言葉で説明する。 ・「運命」の旋律などを例に，2小節目のリズムや旋律を「変化」させることについて，楽譜を使って説明する。
考えさせる	理解確認	②動機の「変化」を演奏や楽譜で確認し，「反復」との違いを確認する。 ③教師がつくった簡単な旋律を例にして，動機の「反復」と「変化」にどのような違いがあるか比較させて，「変化」について理解の確認をする。 ・教師がつくった簡単な旋律をピアノで演奏し，2小節目のリズムや旋律の「変化」について，演奏として聴いて理解できているか確認する。 ・動機を「変化」させることによって，音楽的にどのような効果があるのか考えさせる。
	理解深化	④動機を「変化」させた2小節の旋律を創作させる。 ・前時につくった部分に続けて，新たに2小節を創作させる。 ・リズムが決まったら，リズム打ちができるように練習させる。 ・「変化」させたリズムに，自分のイメージを生かしながら音を入れ，旋律をつくらせる。記譜できた生徒にはリコーダーで演奏の練習をさせる。 ⑤お互いの作品について，「音楽のつくり」を用いて説明させる。 ・つくった旋律を聴き合って，動機の「変化」を用いてどのように工夫しているか話し合わせる。
	自己評価	⑥今日の授業でわかったこと，大切だと思ったことなどを記述させる。 ・動機を生かした旋律，反復と変化の違いとそれぞれの特徴などを中心に記述させる。 〈生徒の記述例〉 変化させたところで雰囲気ががらっと変わった。8分音符を使うことで動機よりリズミカルになったり，明るい感じに変化する。最初に考えたイメージにどんどん近づいていて，作曲楽しいなと思いました。反復させる，変化させる…などを上手に使うことでまとまりも工夫もあるいい曲がつくれます。

指導のポイント

本実践で習得をめざす音楽表現の創意工夫について

　音楽の表現・創作の「評価規準の設定例」では，「音楽表現の創意工夫」の観点で「音楽を形づくっている要素（音色，リズム，速度，旋律，テクスチュア，強弱，形式，構成など）を知覚し，それらの働きが生み出す特質や雰囲気を感受しながら，言葉や音階などの特徴を生かした音楽表現を工夫し，どのように旋律をつくるかについて思いや意図をもっている」と示されている。

　そこで，西洋音楽の作曲様式として「長音階」「音符と休符」「拍子」「動機」について指導し，「旋律」の創作を扱う。特に，「動機」は，音楽として最小の単位であり，まとまった旋律をつくる上で大切な要素であると考える。

　本実践では，「音楽を形づくっている要素」のうち，「構成」について具体的に「反復，変化，対照などの音楽を構成する原理」を取り上げ，それらの働きや特徴を含めて「音楽のつくり」として創作活動に取り組んでいく。

教師からの説明：創作のポイントを，動機の「変化」1つだけにしぼり込む

　「創作」では，あれも必要，これも必要と考えて，ついつい扱う内容が多くなってしまいがちである。そのため，「作曲」と聞いただけで抵抗感をもつ生徒が多い実態がある。そこで，授業ごとで「音楽のつくり」のポイントを1つだけにし，本時は，動機の「変化」だけを取り上げる。その際，用いる音符や休符，拍子も限定し，全員が同じ条件の中で，いかに自分のイメージに合った曲をつくることができるかを主目的として取り組ませることにした。

　ここまでポイントをしぼり込むことには不安もあったが，結果的に，苦手な生徒にとっては安心感につながり，逆に興味のある生徒は限られた条件の中でいかに素晴らしい旋律を生み出せるかという意欲につながり，生徒は予想以上に意欲的に取り組み，表現の工夫も深まったと考える。

理解確認：説明された動機の「変化」を，演奏を聴いて実感し，楽譜で確かめる

　動機の「変化」がポイントであることについて，言葉としてはすぐに理解できても，

音楽的な意味としての知覚感受は不十分なままであると思われる。

　そこで，説明された動機の「変化」について，既習曲や教師がつくった簡単な旋律の演奏を聴かせながら「動機」がもつ働きを知覚し，音楽のつくりを実感をもって確認できるようにする。演奏を聴いたことにより，具体的なイメージを伴った理解になったかどうか，生徒に説明させてモニターすることもできる。例えば，「動機に比べて流れるような感じが増した。それは８分音符が連続するリズムになっているからだ」「明るくなって，先に続きそうで広がりのある感じになった。それは音が高く上がってから順番に下降しているからだ」など，感じ取ったことの根拠がどのような音楽の要素に基づいているのかを説明させる。その逆でもよい。

理解深化：創作のポイントを，「知っててよかった！」と実感する活動

　「創作」は，直観的・感覚的に行うものと誤解されることがある。確かに何の視点もないところで，無条件につくらせれば，生徒はそうせざるを得ない。仮に，何かしらの思考が働いて，生徒が熱心に取り組んだとしても，そのような「教えずに考えさせる創作」では，「活動あって，学びなし」の状態に陥りやすく，作曲に興味・関心のある生徒はいいが，苦手な生徒にとっては苦痛な時間でしかない。

　だからこそ，「音楽のつくり」として，動機をもとにした反復・変化・対照などの基本をしっかり指導し，生徒全員を「創作」のための土台にのせたうえで，リズムや旋律を工夫させていく。このような作曲の活動を通して，西洋の音楽のつくりのポイントについて，生徒が「反復・変化などを，知っててよかった！」と実感できるようにすることが大切であると考える。生徒たちが試行錯誤する過程が見えるようなワークシートなどを用意できればなおよい。

　また，お互いに発表したり，発表を聴いたりといった活動を通して，動機の「変化」についての理解がどう変わったか，もう一度説明させてみることもできる。

本時のワークシート

音楽 ● 1年　鑑賞

「魔王」を聴く
―楽曲の雰囲気と音楽の要素とのかかわり―

西澤真一

題材の構成（4時間）　※丸数字の時数を「教えて考えさせる授業」で展開

時数	指導内容
1	○**各登場人物がもつ雰囲気調べ** ・「明るい」「激しい」「緩やか」などの楽曲の雰囲気にはどのような要素（〔共通事項〕）がかかわっているか考えさせる。 ・「魔王」を鑑賞し，それぞれの登場人物や場面がどのような雰囲気かを聴き取らせる。 ・それぞれの登場人物がどのような雰囲気だったかを発表し合い，その雰囲気にかかわっている音楽の要素を考えさせる。
❷	○**音楽の諸要素**　《本時》 ・「子」の心情の変化をどのように工夫しているのか，〔共通事項〕を手がかりに分析させる。 　㋖　使用されていると考える音楽の要素（〔共通事項〕）の提示 　㋖　音楽の要素を工夫すると，楽曲にはどのような変化が生まれるのか 　㋕　登場人物の「子」の4つの場面で，音楽の要素にはどのような工夫があるか
③	○**演奏者による違い** ・演奏者や演奏形態が異なる「魔王」を鑑賞し，どのような音楽の要素を工夫しているのかを考えさせる。 　㋖　他の音楽の要素とその効果 　㋕　他の演奏者は演奏上どのような工夫をしているのか，音楽の要素を手がかりに分析させる
4	○**楽曲「魔王」の批評** ・本題材で新しく知ったことやわかったことをもとに，批評文を学習カードに作成させ，発表させる。

第2章 「教えて考えさせる授業」の実際　音楽

本時の展開
(2／4時)

●目標●
楽曲「魔王」に登場する「子」の心情の変化を，どのような音楽の要素を変化させることで表現しているのか考えられるようにする。

教える	説明	①楽曲「魔王」に用いられている主な音楽の要素と，その効果について説明する。 ・1つの要素で，雰囲気の変化を表現できるものと，音楽の要素が複合的にかかわって表現できるものがあることを確認させる。 　「大きい，小さい」…「『強弱』の変化」 　「明るい，暗い」…「『調性』の変化」 　「激しさ・穏やかさ」…「『強弱』『旋律線』『調性』の変化と『構成』」
考えさせる	理解確認	②登場人物「魔王」を例に，音楽の要素についての理解度を確認する。 ・「登場人物『魔王』の雰囲気には，どのような音楽の要素を変化させていますか？」と発問し，やさしく穏やかに誘っている場面と，魔王が本性を表す場面とで比較させながら考えさせる。 ・用いられている音楽の要素とその変化について学習カードに記入させ，教師が点検する。
	理解深化	③登場人物「子」の表現で用いられている音楽の要素は何か確かめる。 ・「子」の魔王を怖がる気持ちがだんだん強くなる心情の変化を表す音楽の要素を考えさせる。 ・「強弱」「調性」「旋律線」「音の高低」など，音楽の要素にあてはめて考えさせる。 ・楽曲の雰囲気がどのように変化したのかについて考えさせ，さらに雰囲気を変化させるもととなる「調性」以外の音楽の要素が，どのように変化したのかについて考えさせ，学習カードにまとめさせる。 ・グループで，雰囲気を変化させている音楽の要素を発表し合わせる。
	自己評価	④今日の授業でわかったことやさらに知りたい点について記述させる。 ・楽曲の雰囲気の変化と，その変化を支える音楽の要素の変化を中心に，学習カードに記入させる。

指導のポイント

教師からの説明：楽曲の雰囲気の変化と音楽の要素とのかかわり

　新しい学習指導要領に示された〔共通事項〕は，「音程」「旋律」「調整」「構成」「テクスチュア」などといった音楽を形づくる音楽の諸要素のことを指す。これまでの鑑賞領域の授業では，楽曲の雰囲気を感受させたり，音楽の要素を知覚させたりする授業形態が多く，漠然とした感想を学習カードに記述する授業展開が中心であった。本題材では，感受や知覚から音楽的な感受へとより深く音楽を捉えられるようにしたい。そのためには音楽を形づくる諸要素の働きについて知る必要がある。そこで，前時に学んだ「音楽の諸要素から音楽を聴き取る」方法を用いるために本時の導入で，音楽の要素とそれを工夫することによって生まれる効果について，生徒が再確認する場面を設定する。こうすることで，楽曲「魔王」で工夫したり用いられたりしている音楽の諸要素を基にして，登場人物の心情の変化を表す表現の根拠を探っていくことができると考えた。

理解確認：登場人物「魔王」の３つの場面を聴き，音楽の要素とその工夫を確認する

　登場人物「魔王」の３つの場面は，他の登場人物が短調であるのに対し，明るく穏やか，また優しく弾んでいるような雰囲気をもっている。また「魔王」が最後に本性を現す場面では，音楽が暗くやや激しい雰囲気に変化する。このような雰囲気の変化は，生徒が聴いただけでその変化を感じ取ることができ，さらにその雰囲気の変化を音楽の要素と結びつけやすいと考えた。

　理解確認として学習カードに下表のような枠を設け，登場人物「魔王」の場面から感じ取った雰囲気と，それにかかわる音楽の要素とその工夫についてまとめさせる。教師は，机間指導を行いながら，表の５つの雰囲気に着目できているかを確認する。

　このような理解確認の場面を設定することで，楽曲の雰囲気を感受したり，音楽の要素を知覚したりするにとどまっていた生徒が，その楽曲をより深く捉えていくための素地を身に付けられると考えた。

雰囲気	音楽の要素	要素の工夫
明るい	調性	短調の曲を長調に変化させる
穏やか	旋律・強弱	細かなリズムを用いない跳躍の穏やかな旋律線
弾む	リズム	6/8拍子のような細かなリズムを用いて，旋律線と対比させる
暗い	調性・強弱	長調の旋律を途中から短調に変化させる
激しい	強弱	突然音量を大きくする

理解深化：登場人物「子」の４つの場面を聴き，音楽の要素とその工夫を確認する

　登場人物「子」は楽曲中に４回歌われる。また魔王に連れて行かれそうになるときに「父」に必死で助けを求めている雰囲気をもつ。また，４つの場面とも暗い雰囲気であるが場面を追うごとに強弱が強くなったり，旋律が１場面ごと１音ずつ上がり調性が変化したりして，緊張感や緊迫感を高めている。

　生徒には「理解確認」と同じように表にまとめていくことを指示し，下表のような４つの場面がどのように変化したのかについて考えさせる。この場面で生徒は，４つの場面が同じように「暗い」「激しい」ものであるが，その他の要素が変化することで「子」の緊張感や緊迫感を表していることに気づくはずである。そこで，楽譜を見な

場面	雰囲気	音楽の要素	要素の工夫
1	暗い	調性・強弱	短調の旋律で弱く演奏する
2	暗い激しい	調性・音程・強弱	短調の旋律で，少し音量を大きくしながら，旋律の音程が上がる
3	暗い激しい	調性・音程・強弱	強さが増し，旋律の音程がさらに上がる
4	暗い激しい	調性・音程・強弱	場面３よりも強さが増し，旋律の音程がさらに上がる

がら再度鑑賞する場面を設定し，「調性」以外の「どのような要素」が「どのように変化」しているのかについて考えさせる。

　このような理解深化の場面を設定することで，従来の授業では楽曲の雰囲気を感受するにとどまっていた生徒が，その雰囲気がどのような要素によって成り立っているのかを考えることができるようになっていく。また，このような活動から，楽曲の雰囲気を表す音楽の要素は１つではなく，いくつかの要素が複合的にかかわり合っていることについても理解することができるだろう。

　さらにこのような学習を行うことで，次時に予定されている「楽曲『魔王』のよさを批評し合う」活動において，以下のように自分なりの根拠を見つけながら批評し合い，音楽的な感受を高めていく生徒の姿が期待できる。

【従来の授業で書かれた批評文の例】	【期待する批評文の例】
「魔王」のよさは，登場人物の気持ちの変化が曲によく表れているところだと思います。最後まで物語に緊張感があって，とてもドラマチックな曲です。	「魔王」のよさは，登場人物の気持ちを，強弱や調性を変えて表しているところだと思います。「父」「子」に比べて「魔王」の伴奏のリズムは明るく弾んでいたり，「子」がどんどん怖くなっているところは音程を段々上げて緊迫感を表したりしているドラマチックな曲です。

美術 ● 1年　絵画（人物画）

友達の絵を描く
―"明度の差"を使った立体感の表現―

北沢孝太郎

単元の構成 （9時間）　※丸数字の時数を「教えて考えさせる授業」で展開

時数	指 導 内 容
1	○線の練習（クロッキー） ・対象（友達）を見つめて，一本の線で丁寧な描写をさせる。
2	○着色の練習 ・正しい水彩絵の具の使い方や筆づかいを教える。
③ ④	○「友達の絵（人物画）」本制作 ・あたりをつけ，下描きをさせる。 　㊙ バランスよく対象（友達）を画用紙に入れるための，人物の中心を通る線や目の高さの目安になる線の描き方 　㊙ 「その人らしさ」が出る構図をとり，バランスよく描く。
5	・肌の色をつくらせ全体的に着色させる。
❻ ❼	・色の明度差を使って，友達の顔を立体的に着色させる。《本時》 　㊙ 明度の差が大きな部分（「首」と「あご」の境） 　㊙ 影の色のつくり方，塗り方 　㊙ 「首」と「あご」の境と同じように明度の差が大きな部分を見つけ，立体感の出る着色ができるか。
8	・髪や服，背景など，肌と質感の違う部分を着色させる。
9	○明度の差に着目した相互鑑賞 ・友達の作品の色づかいのよさを付箋に書いて貼らせる（相互鑑賞）。 ・自分の作品を見返した反省や，付箋をもらった感想を学習カードにまとめさせる。

第2章 「教えて考えさせる授業」の実際 美術

本時の展開
(6〜7／9時)

●目標●
色の明度差を生かして，人物の顔を立体的に着色できるようにする。

教える	説明	①「明度の差」を使った立体感のある着色について，先輩の作品を見せたり，教師の示範を見せたりしながら説明する。 ・「首」と「あご」の境を例にして「明度の差」の大きな部分があることを言葉で確認させる。 ・先輩の作品の色づかいを提示装置で見せたあと，教師の示範を通して影の色のつくり方を伝える。
考えさせる	理解確認	②「明度の差」を使った立体感のある着色について理解度を確認する。 ・「首」と「あご」の境にできる影の色をパレットにつくらせる。 ・つくった色で明度差による立体感の表現ができそうか，小グループで話し合わせる。 ・学習カードに自分が伝えた意見や，友達から伝えられた意見をメモさせる。 ③「首」と「あご」の境にできる影の色を着色させる。 ・パレットにつくった色を「あご」の下にできる影に着色させ，その効果を確認させる。
	理解深化	④「あご」と「首」の境以外にも，明度差を使って立体感を出すことができる部分がないか考え，着色させる。 ・「同じように明度の差を使って立体感を出せそうな場所はありますか」と発問し，考えさせる。 ・「鼻」や「まぶた」の周りなど，生徒から出された部分に適切な影の色を考えて，あごの下と同じように着色させる。 ⑤発展課題「小さな明度差」について考えさせる。 ・頬や額の周りに着目させ，「凹凸の少ない場所にはどのような色を着色したらいいだろうか」という課題を出す。 ・少しずつ色を混ぜることを意識させて適切な影の色を考えさせる。
	自己評価	⑥今日の授業でできるようになったこと，うまくいかなかったことを学習カードに記述させる。 ・「着色による立体感が出せるようになったか」に観点を絞って，記述させる。

指導のポイント

教師からの説明：明度差を使った着色による立体感の表現

「明るい部分と暗い部分では色が違う」ということは理解しているが，それを忠実に表現していくことで立体感が出てくるということを認識していない生徒は多い。立体感を出すための細かな制作過程（筆づかいや色づかい）に迫って説明するとイメージをつかむことができると考えた。また，影になっている部分は「暗いから黒く塗ろう」という意識が強く，黒い絵の具を過分に使い不自然な影を着色してしまう場合がある。逆にそうなることを恐れて，暗い色をつくった後に水で薄めすぎて滲んだ着色をすることもある。こういった生徒のために，寒色を中心とした混色方法を視覚的に（本時では教材提示装置を用いた示範）説明することで自然な影の色をつくれることを期待している。

理解確認：つくった色の適切さを互いに確認させる小グループ活動

小グループでは，観点を示し話し合いをさせる。本時では「あご」と「首」の境の色について，つくった色が立体感を出すために適切であるかに焦点を絞り話し合う場面を設定した。お互いにつくった色が適切か判断し会話できるようであれば，色づくりについて理解できているといえる。観点を示すことは，苦手意識の強い生徒に対し，話し合いに参加する抵抗感を軽減させる効果もあるのではないかと考えた。

また，つくった色を「本当にこの色でいいのか」と不安に思う生徒がいるが，感想や意見をもらうことで自信を深めたり不安を解消したりできる生徒も多いと考えた。

【パレットにつくった色について小グループで話し合う様子】

教　師：「なかなか決まらないなら，B君に相談してごらん」
生徒A：「この色じゃ暗すぎ…かな」
生徒B：「塗ってみればいいじゃん」
生徒A：「えー，どうしよ」
生徒B：「もう少し肌の色を足せばいいんじゃない？　明るさの差があれば立体感が出るから，そんなに暗くなくても大丈夫だよ」
生徒A：「なんでわかるの？」
生徒B：「先生もさっきそう言っていたよ。明るさの差を出せば大丈夫だって」
教　師：「考えるより見てごらんよ」―対象である友達の首を指し―
生徒A：「あ～，本当だ，首のところはそんなに暗くないからもう少し…明るい感じ？」
生徒B：「そうでしょ，だからもう少し肌の色だよ」

生徒Aは何度も色をつくり直しなかなか決定できずにいたなか，つくった色について生徒Bに感想を求めた。そこで明度差をつけることで立体感が出せることを教えてもらい，生徒Aは相手の首の色は自分のつくった色よりも明るいことに気づく。これは，自分のつくった色に自信をもてなかった生徒Aが，友達とのかかわりの中で適切な色を確認し，自分のつくった色に自信をもって決めだした姿である。

一方の生徒Bは，生徒Aと会話するなかでつくった色をさらに工夫した方がよいことに気づいた。自分の制作に生かすことができた姿である。

これらの姿から，理解確認の場面において小グループで作品を見合いながらアドバイスし合うことができるようにしていくことで，思い切りよく活動ができない生徒が自分に自信をもって活動に取り組めるようになったり，自分の制作を見つめなおし，考えや技能をさらに深めて制作に生かしていくことができるようになったりすることがわかってきた。

しかし，いくつかの小グループでは，活動がやや停滞していた面も見られた。これは，友達の作品にコメントすることに躊躇があったり，自分の考えを伝えるのが恥ずかしかったりするためと考えられる。わかりやすい観点を示してグループ活動に取り組めるようにしたり，このような場面を多くの題材で位置づけていく必要がある。

理解深化：明度差のある部分を見つけ，自分のつくった色で立体的な着色をする
【発展課題にとりかかる際の様子】
生徒A：「じゃ，鼻の横も同じくらいの暗さだから，同じ色でいいよね」
生徒B：「首と同じくらい暗いところにはその色でいいんじゃん？」
生徒A：「なるほど，やるねぇ」
生徒B：「僕も鼻のところをもう少し暗い色にしてみよう」

「首」と「あご」の境に暗い色を着色し，奥行きを出すことで立体感を出せた生徒Aは，その後の発展課題でも暗い色の比較を通して鼻の周りの影を適切な色で着色していった。丁寧に対象の明暗を見つけさせながら，つくる色の明度に少しずつ差をつけていく着色を体験しながら身に付けさせることで，立体感のある着色技能を習得するとともに，意欲的な制作が見られると考えた。

美術 ● 1年 デザイン（立体構成）

イメージする オリジナルオブジェをつくろう

山本勝彦

単元の構成 （10時間）　※丸数字の時数を「教えて考えさせる授業」で展開

時数	指　導　内　容
1 2	〈題材の導入段階〉 ○造形の要素について ・構成美の基本要素について教える。（動き・量感・シンメトリー・グラデーション・リピテーション・リズム・アクセント・プロポーション等々）
③	・単位形としての立体（正四面体・正六面体）の展開図（数学における既習事項）について確認し，多面体の構成を考えさせる。《本時》 ㋖　正四面体，正六面体の組み合わせによりシンメトリーやグラデーションの構成美の要素を含んだ立体表現ができること ㋕　正四面体や正六面体を組み合わせてイメージする立体構成を構想させる。
4 5	〈発想・構想の段階〉 ○基本となる立体を仮接合しながら自分のイメージを自由に展開させていく。 ・技術的問題について，各自工夫し解決方法を模索し自分の表現を追求させる。
6 7 8 9	〈創造的制作の段階〉 ○全体の完成形を見通して，自分のイメージする構成が効果的に表現できているか検討させる。 ・表現意図が明確になるように検討させる。 ○表現意図に合う彩色を考えさせ，着色させる。
10	〈鑑賞の段階〉 ○生徒相互に作品を鑑賞させ，それぞれの表現のよさや違いを考えさせる。 ・異なる構成の要素を取り入れて制作した作品を鑑賞しながら，各自の表現意図やその効果などについて話し合いをさせる。 ・自分の学習活動を振り返り，自分自身の作品やそれに向けた取り組みの姿勢を確かめ，今後の学習活動への意欲をもたせる。

本時の展開（3／10時）

●目標●
基本となる立体を組み合わせ，構成美を生かした立体構成の構想を練ることができるようにする。

教える	説明	①構成美の要素には，シンメトリー・グラデーション・リピテーション・リズム・アクセント・プロポーション等があることを確認する。 ②作例（正四面体や正六面体が接合されたもの）を提示し，その中にシンメトリーやグラデーション等の効果が含まれていることを解説する。 ③立体構成の基本体となる正四面体，正六面体の作り方を示し確認する。
考えさせる	理解確認	④説明に使用したものとは別の複数の作例を用意し，どの作品のどの部分にどのような構成美の要素が表れているかを説明させる。 ・ワークシート（作例を印刷したもの）を配布し，4人グループで交代して説明，確認をさせる。
	理解深化	⑤構成美の要素を生かした立体の組み合わせ方を，グループで考えさせる。 ・サイズの同じものとサイズの違うものをそれぞれ必要数準備（3～6個）する。 ・同じサイズの正四面体や正六面体を一定の位置で連続して仮止めによる接合をさせる。 ・大中小とサイズの違う正四面体や正六面体を大きさが段階的に変化するように仮止めによる接合をさせる。 ・各グループで考えた基本的な組み合わせ方を全体で交流させる。構成美の要素は，どこに表出されているかグループや他者から発表させ全体で確認する。 ・各グループの試作や参考作品を例に，自分がイメージするオブジェを構成するためのパーツには，どのようなものが必要か考えさせる。
	自己評価	⑥今日の授業でわかったこと（できたこと），わからないこと（できなかったこと）をワークシートにまとめさせる。 ・イメージする立体に近づくには，基本立体の組み合わせを意図的に構成することで可能になることを中心にまとめさせる。

指導のポイント

　理解深化の段階では，グループ学習により，正四面体と正六面体の組み合わせ方法の違いから，多面体の構成美の要素を考えさせる。

　初めに，オブジェの基本的なパーツとなる正四面体や正六面体を，それぞれ段階的にサイズを変えて3～6個程度準備させる。この段階では，既に基本的な立体の作り方は十分に理解できているものと捉える。

　次に，パーツの組み合わせ方等を工夫することにより，構成美の要素を表出させることができることを確認させるため，各グループで仮止めにより立体を試作させる。各グループによる試作品には，同じパーツで同じ構成美の要素を表出させることを目標としても，出来上がるものの形態に違いが生じることが予想される。

　その後，各試作品を全体で交流する場を設定し，グループによる形態の違う試作品から構成美の要素の何がどこの部分に表出されているかを生徒個々に確認させ，自分のイメージに近づけるように制作の構想を確認させる。

　指導上の配慮として大切なことは，表現意図が不確かな段階でどのようにパーツを組み合わせても，イメージするオブジェの全体構想に近づくことは容易ではないことを作例で示すことである。生徒の中には，任意の組み合わせで，いつの間にかオブジェのようになり，作品ができたと錯覚し発想が行き詰まったり，表現方法（組み合わせ）が停滞したりする場合も予想される。表現意図（何をどのように表したいか）を確認させ，それに沿った表現技法にはどのようなことが考えられるか，グループや個別の学習を通じて適切な技法のアドバイスを行っていくことが必要である。

　終末の自己評価段階では，表現意図に合った造形要素をどのように立体として取り入れ表現するかを意識し，それに必要な適切で効果的な接合方法はどうあればよいか確認させることをねらいとする。

【単元末の完成作品例】

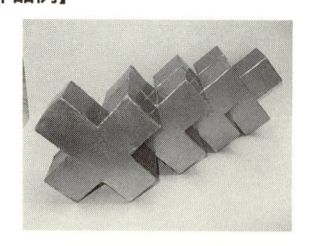

リピテーション効果を考えた立体構成　　　　グラデーション効果を考えた立体構成

第2章 「教えて考えさせる授業」の実際　保健体育

保健体育● 1 年　ダンス

現代的なリズムのダンス
―色々なステップを使ってリズムに乗って踊ろう―

田中耕史

単元の構成　（14時間）　※丸数字の時数を「教えて考えさせる授業」で展開

時数	教える（説明するポイント）	考えさせる
①	**ボックス** ①□の4つの角を踏む ②腕を大きく振る	【理解確認】 ・教師の示範やDVDに合わせて練習し，基本の動きを習得させる。 ・ペアでお互いの動きを見合う。 ・わかったことやまだわからないことを相互説明させる。 【理解深化】 ・よりダイナミックな動きを求めて練習させる。 ・既習のステップと組み合わせた応用的な動きに取り組ませる。 ・はじめの動きと練習後の動きをVTRで比較し，技能の高まりを実感させる。 【自己評価】 ・できるようになったこと，まだできないことを，理解深化課題を中心に振り返り記述・発表させる。
②	**ウォーク** ①足を開くときに腰を引く ②足を閉じるときに腰を出す	
③	**スマーフ** ①大きくクロスステップ ②肩を左右に振る	
❹	**パドブレ**　《本時》 ①三角形の辺の上を動く ②2歩目を大きくクロス	
⑤	**ポップコーン** ①縄跳びの後ろかけ足 ②1と2と3と……のリズムで	
⑥	**ニュージャックスイング**：上半身のダウンアップと腕の前後を交互に **ブルックリン**：両拳を交互に後ろに引き，踵とつま先で身体を捻る	
⑦	**ロジャーラビット**：後ろで足をクロスしながらスケーティング	
8-13	基本のステップを組み合わせ，動きをアレンジして簡単な作品をつくる	
14	発表会を行う	

97

本時の展開 (4/14時)

●目標●
映像を見ながら，技能のポイントを意識して練習したり，ビデオで自分たちの動きを見返して課題をもって練習したりすることを通して，パドブレのステップを身に付け，音楽に合わせて身体全体で踊ることができるようにする。

教える	説明	①パドブレの基本ステップを説明する。 ・三角形にそって足を運ぶ時に「まーえークロスチョン」というリズムで動くことと，足をクロスする時に体の向きを変えるという技能のポイントを示範する。 ②ダイナミックに踊るためのポイントを説明する。 ・ダイナミックに踊るためには，腕の動きを「ドアを開けるように動かせばいい」ことを説明する。
考えさせる	理解確認	③映像を見ながら，音楽に合わせて全員で繰り返し踊らせる。 ・踊るのに合わせて「まーえークロスチョン」の声がけをする。 ・アップやダウンの動きをマスターしてダイナミックに踊っている生徒がいれば示範させ，どんなところがよいのか，気がついたことを発表し合わせる。
	理解深化	④既習のステップも組み合わせて踊らせる。 ・パドブレ→ボックス→ウォーク→スマーフ→パドブレ→自分の踊りたいステップなど，構成を自由に工夫させる。 ・ペアでお互いの動きを見てアドバイスし合ったり，鏡を使って自分の動きを確かめたりしながら練習させる。
	自己評価	⑤わかったこと，まだわからないことについて記述させ発表させる。 ・特に「ダイナミックに踊るための工夫」について，どこまでできたのかを中心に記述させ，発表し合わせる。

指導のポイント

教師の説明／理解確認：基本ステップと腕の使い方

　パドブレとは，両足をクロスしながらリズムを取るステップで，ハウス，ジャズ・ダンス，バレエなどすべてのダンスに共通して行われる，ダンスの基本ステップといわれている。

　ステップを教える場面では，「DVD の映像を見て動きをつかむ→教師が示範しながら技能のポイントを教える→DVD に合わせて一緒に踊ってみる」という段階を追った指導を行う。

　生徒は DVD や教師の示範を見てステップを覚えようとするが，最初は足の動きばかりにとらわれてしまいがちで，身体全体で踊っているという動きにはつながっていかない。そこで，ステップの基本（ポイント）を意識しながらある程度踊れるようになったところで，ダイナミックに踊るためのコツとして，「腕の動きをドアを開けるように動かせばよいこと」を説明する。

　全員で映像を見ながら何度も踊る場面では，生徒は画面を見ながら何とかその動きについていこうとしていた。教師はその都度，足の動きをわかりやすくしたり，リズムを

↑ステップばかりに意識がいき，まだ上半身の動きが小さい状態

↑「ドアを開けるように腕を動かす」。腕が上がり，足の踏み出しも大きくなっている

とりやすくするためのポイントとなる言葉「まーえークロスチョン」などを生徒の動きに合わせてかけていく。

最初はステップを覚えるのに精一杯で，足の動きばかりに意識がいっていた生徒も，友達同士でお互いに見合い，気づいたことをアドバイスし合いながら練習する中で，だんだんと上半身，特に腕の使い方に焦点を絞って練習していく姿が見られた。

理解深化：既習のステップも組み合わせて踊らせる

理解深化の場面では，既習のステップと本時で学習したステップとを組み合わせて踊るようにさせた。

理解確認の場面で使用したDVDでは，20秒ほどの短いクリップを繰り返し踊ったのだが，理解深化の場面では長い曲の中で例えば，パドブレ→ボックス→ウォーク→スマーフ→パドブレ→自分の踊りたいステップのように構成を自由に工夫させた。

同じステップを繰り返したり，学習した順に踊ったりする生徒，基本ステップにターンやアップ・ダウンの動きを取り入れてアレンジして踊る生徒も見られるようになった。

組み合わせて踊る場面で，はじめのうちは違うステップに移行するときに戸惑っていた生徒たちだったが，何度も繰り返して踊っているうちに，自分なりのダンスの構成ができあがっていき，リズムに乗ってダイナミックに踊れるようになっていた。また，友達の踊っているのを見て自分の構成に取り入れたり，友達と合わせて踊ったりと，生徒は学習した基本ステップから自分たちなりのダンスをつくり上げていくことができた。

自己評価：今日の授業でわかったこと，まだわからないこと

ある生徒の学習カードには，次のような記述がされていた。

「DVDを見て動きを覚えた後に踊ったのをビデオで見てみたら，Bさんの動きがとても大きくてよかったと思いました。Cさんが，『Bさんの腕がドアを開けるように動いている』と発表したのを聞いて確かにそうだなと思いました。その後の練習で腕の動きを意識してやってみました。最後にビデオで見てみたら，みんなの動きがはじめと比べてすごく変わっていました。」

友達の発言と自分の感じたことを合わせて振り返りながら，理解確認の段階よりも，さらに深化した自分たちの姿をとらえることができている。

保健体育 ● 2 年　陸上競技

ハードル走
―ハードル間を，3歩でリズムよく走るためのポイント―

村松正博

単元の構成 （7時間）　※丸数字の時数を「教えて考えさせる授業」で展開

時数	指 導 内 容
1	○短距離走の基本 ・短距離走の特性，スタートからゴールまでの構成 ・歩，走における足の着き方や動きの違い
②	・クラウチングスタートによるスタートダッシュのポイント 　教　スタートダッシュのポイント（「45度の飛び出し」「2足分の位置に一歩目を」） 　考　倒れ込みスタートなどの部分練習と教え合い
3	・自分に適したクラウチングスタート（バンチ，ミディアム，エロンゲーテッド）を選び，実践してみる。
4	・前傾姿勢を保ったスタートダッシュから，中間疾走へ
5	・ストライドとピッチを考え，50m走のフィニッシュへ
	○ハードル走
⑥	・ハードリングのポイントと，3歩でリズムよく走るコツ 《本時》 　教　ハードル間を3歩で走るためのハードリングのポイント（「リード脚の膝を高く上げる」「上体を前傾させる」「抜き脚の膝を高く保つ」） 　考　ハードル間を5.5mから7.5mへ段階的に広げて，コツをつかませる。
7	・短距離走の基本をふまえ，ハードル走のタイムトライアル

本時の展開
(6／7時)

●目標●
ハードル間を3歩でリズムよく走るポイントを理解して，なめらかにハードルを越すことができるようにする。

教える	説明	① 実技資料集で，ハードリングのポイントについて説明する。 ・実技資料集を読み，ハードル間を3歩で走るためのハードリングのポイントを，「リード脚の膝を高く上げる」「上体を前傾させる」「抜き脚の膝を高く保つ」の3つに絞って説明する。 ・110mハードル走のVTR（中学日本一になった先輩の走り）を見て，3つのポイントを具体的にイメージさせる。 ・3つのポイントをオウム返しに説明させる。
考えさせる	理解確認	② 実際に走ってみる中で，3つのポイントについて確認する。 ・5.5mのハードル間で，実際に走らせてみる。 ・ペアでお互いの走りを見合いながら，「3つのポイント」の出来具合を確認させる。
	理解深化	③ ハードル間を段階的に広げながら，3歩の走りに挑戦させる。 ・ハードル間を5.5mから，6.5m，7.5mへと段階的に広げながら，3つのポイントができたか指摘し合わせる。 ・3つのポイントを意識して3歩の走りに挑戦することで，ハードル走についての自分の理解がどのように変化したのか，教え合いの活動などを通して考えさせる。
	自己評価	④ 今日の授業でわかったこと，大切だと思ったことなどを記述させる。 ・3つのポイントについて，何ができて何ができなかったのかなどを中心に記述させる。 〈生徒の記述例〉 ・抜き脚を前にもってくることを意識して，あまり高く跳ばずにギリギリを跳ぶことを考えてやったらタイムが速くなりました。3つのポイントの中では，前傾姿勢を意識することで跳びやすくなったと感じました。 ・リード脚をつく位置を工夫しないと，後ろに体重がいってしまい，なかなかうまく跳べませんでした。いろいろ話し合って，リード脚をつく位置をハードルの近くにしたら，次の足がスッと出て，効率よく跳べるようになったと思います。

第2章 「教えて考えさせる授業」の実際 保健体育

指導のポイント

本実践で習得をめざす運動の技能：ハードル間を3歩でリズムよく走る

保健体育の陸上競技の「評価規準の設定例」では，「運動の技能」の観点で，「ハードル走では，リズミカルな走りからなめらかにハードルを越すことができる」と示されている。

本校には，110mハードル走で全国大会の優勝経験をもつ男子選手が在籍していたため，この種目に対する全校生徒の興味・関心は高いほうである。そこで，第2学年で「ハードル間を3歩でリズムよく走る」という部分に焦点化して授業構想したものである。

教師からの説明：実技資料集の7つのポイントを，3つに絞りこむ

実技資料集では，ハードル走のポイントとして，次の7つが挙げられている。

① <u>リード脚（跳ぶときの前脚）の膝を高く引き上げる。</u>
② リード脚の反対側の腕を前に突き出す。
③ <u>上体を前傾させる。</u>
④ 膝から下を前方に降り出す。
⑤ 抜き脚（跳ぶときの後ろ脚）の膝を水平に保って引きつける。
⑥ 脚をよく伸ばして着地。
⑦ <u>抜き脚の膝を高く保つ。</u>

本時は，この中から，リード脚のポイントとして①を，上体のポイントとして③を，抜き脚のポイントとして⑦を取り上げ，より絞り込んだ形にしている。50m走や100m走などと異なり，普段から慣れ親しんでいる種目ではないため，ポイントは多くて3つだろうと考えた。3つに絞ったことで，自分の動作を意識して行うことができ，ハードリングの形が身に付きやすいと感じた。

理解確認：実際に走ってみる中で，3つのポイントを確認する

実際にハードル走に取り組ませてみると，3つのポイント「リード脚の膝を高く上げる」「上体を前傾させる」「抜き脚の膝を高く保つ」を生かせたのかどうか，正しくとらえられているのかなど，さまざまな不安や迷いが出てくる。そのタイミングで再度，全国レベルのハードル走の映像や上手な生徒の実技を見せて，言葉で説明されたポイント

を，視覚的に確認できるようにする。こうして３つのポイントを具体的なイメージとして共有できるようになって初めて，「なるほど，その通りだ！」と実感できた生徒が多かった。

理解深化：ハードル間を段階的に広げながら，３歩の走りに挑戦させる

ハードル間が5.5mのときは，ほとんどの生徒が３歩で走ることができたが，段階的にハードル間を広げることで，３歩では難しいと感じる生徒が増えてくる。そこで，もう一度「３つのポイント」に戻って，自分のハードリングの不十分さを見直すことで理解深化をはかっていく。

生徒は，３つのポイントをもとに，仲間同士でお互いの走りをチェックしたり，上手な生徒の走りや教師の模範を見たりして，技術の向上をめざしていた。試行錯誤の中にも分析的な知的視点をもって，基本的な動きや効率のよい動きを身に付けようとしていると感じられた。

生徒の自己評価例にもあるように，この３つのポイントを重視すると，徐々に抜き脚を思っているよりも前に出せるようになるという声が多い。前傾姿勢で低く跳んで，着地するリード脚を無理に前方へ出そうとするのではなく，自然に着地した後の１歩目となる抜き脚をいかに無理なく前方へ出せるようにするかという点に意識が向いたためではないかと考える。はじめは半信半疑だった生徒たちも，広くなったハードル間でも３歩で走ることのできる生徒が出てくると，「よし！私も」と勇気づけられたようである。

これまでの「ハードル走」の授業でも，ハードル走の７つのポイントを示すことやハードル間の長さを選ばせることは行ってきた。問題点として抱えていたことは，ポイントを示したにもかかわらず，生徒の動作がぎこちなくなり，ポイントを示した効果が思うように表れないことであった。多くのポイントを示したがゆえに，生徒に混乱を生じさせていたのだろうと考えられる。

本時では，ポイントを３つに絞ったこと，「考えさせる」場面で生徒同士がお互いを見合いながら「抜き脚をいかに無理なく前方へ出すか」という新たなポイントを見つけたことで，生徒が意識して運動することができるようになった。生徒が運動する上で混乱を招かないように「教える」内容を整理し，理解深化の段階で，運動しながら生徒に「考えさせ」気づかせることで，これまでの学習よりもハードル走に関する興味・関心や技能での高まりが見られた。

技術● 1 年　設計

立体を平面に表すには？
―投影法と第三角法―

坂本　大

単元の構成 （8時間）　※丸数字の時数を「教えて考えさせる授業」で展開

時数	指　導　内　容
1	○製作品の構想 ・設計の進め方を知り，つくる製作品を決めさせる。（例：マルチラックや写真立てなど）
2	・使用目的に応じた機能について考えさせる。
③	○構造を丈夫にする工夫 ・プラスチックダンボールでBOXをつくり，丈夫な構造を調べさせる。 　㋖　繊維の方向による強度の違い 　㋖　四角形の構造と三角形の構造での強度の違い 　㋕　上板に荷重をかけた時にもっとも丈夫な構造を考えさせる。 ・上板，側板，底板をどのような繊維方向で構成すればよいか考えさせる。 ・発展課題として，裏面に筋違を入れ強度が上がることを調べさせる。 ・発展課題の中にいくつの三角形の構造が含まれているかを調べ，他のグループの構造と比較しながらレポートにまとめさせる。
4	○構想の具体化 ・材料とそれに応じた加工方法を考えさせる。
5	・接合と仕上げの方法を考えさせる。
❻	・構想したものを図に表す方法を知る。　《本時》 　㋖　第三角法・キャビネット図・等角図のかき方 　㋕　3通りの方法で実際に製図をかかせる。 　㋕　製図例の間違い探し
7 8	・製図のきまりに従って，構想を図にかき表させる。

本時の展開（6／8時）

●目標●
製図のきまりに従って，立体をキャビネット図に正しくかき表すことができるようにする。

●準備●
キャビネット図用方眼紙，定規，PC，プロジェクタ

教える	説明	①立体を平面で表す方法について説明する。 ・第三角法で表した立体の正面図，平面図，右側面図を提示し，どのような立体であるかフリースケッチさせる。 ・生徒がスケッチした立体をキャビネット図のきまりに従ってかき，その後，製図の手順，ポイントを整理する。 ポイント：①1つの面を正面にする／②奥行きを示す線を45°の方向にかく（どこから引くか）／③奥行きの長さは実際の2分の1にする ・キャビネット図から等角図にかき表し，等角図の製図のポイントを整理する。 ポイント：①立体の底辺の直交する二辺を，水平線に対して左右に30°傾けた線でかく／②幅，奥行き，高さの線はすべて実物と同じ割合の長さでかく
考えさせる	理解確認	②書き方の手順に従って，製図の練習をさせる。 ・簡単な等角図を，キャビネット図用方眼紙を使用し，手順に従ってキャビネット図に製図させる。（キャビネット図用方眼紙を使用することにより，奥行きについて誤りが生じることが予想される。） ・4人前後の小グループで正誤の検証と，誤りの原因について討議させる。グループの中に正解がいない場合は，奥行きの測定を行うよう助言する。グループ全員が正解の場合はどのような間違いが多いか予想し，その理由を考えるよう助言する。
	理解深化	③製図例の間違いを指摘させる。 ・教師から，誤りを含むキャビネット図の製図例を提示し，どこが間違っているのかを考えさせる。 ・まずは個人で考えてから，グループ討議に移る。
	自己評価	④グループ討議の中で気づいた誤りの原因について記述，発表させる。 ・製図の方法についてかくのではなく，間違いが起こる原因と注意点について表現させるようにする。

第2章 「教えて考えさせる授業」の実際　技術

指導のポイント

　この題材は，基本的な製図スキルの習得であり，立体を平面図（キャビネット図）にかき表せるようになればよい。教えるべき内容は，製図の手順やポイントだけである。しかし，立体の捉えは小学校の算数における体積を求める単元が唯一であり，生徒に「奥行き」という概念は乏しい。またデジタル玩具の普及からか，ブロック，積み木のような空間的感覚を養う経験が少ないこともあり，実際に製図をかくことができない生徒が多い。

　製図は，一見複雑な図形であっても，手順さえしっかりと身に付けていれば必ずかくことができる。そこで，簡易な製図の中に誤りの多い課題を意図的に設定し，その原因を発見することでスキルの習得がはかられると考えた。

教師からの説明

　第三角法を用いた立体の正面図，平面図，右側面図を提示し，どのような立体であるかフリースケッチさせ，頭でイメージした立体を平面上でかき表すことの難しさに気づかせる。立体の概念をしっかりと押さえられるよう模型を用い，幅，高さ，奥行きといった言葉の確認を行う。

　キャビネット図については，①立体の正面を実物と同じ形にかく，②奥行きを水平線に対して45度傾けてかく，③奥行きの長さを実際の2分の1の割合でかくという3つのポイントと，①〜③の手順で行うことを説明する。この際に実際に製師が製図を行い，当初は難しいと思っていた平面上での製図が容易にできるという感覚をもたせることが重要である。

理解確認

　実際に簡単な等角図（右図）をキャビネット図でかき表させる。この際に「①実物と同じ形にかく」の部分で誤りが生じる生徒については，空間認識力に起因する問題であるので個別の指導が必要である。しかし，ほとんどの生徒は手順に従って製図をすることができる。実際に製図を行った結果が次ページの通りである。

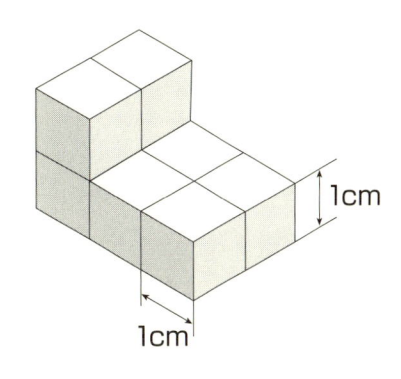

107

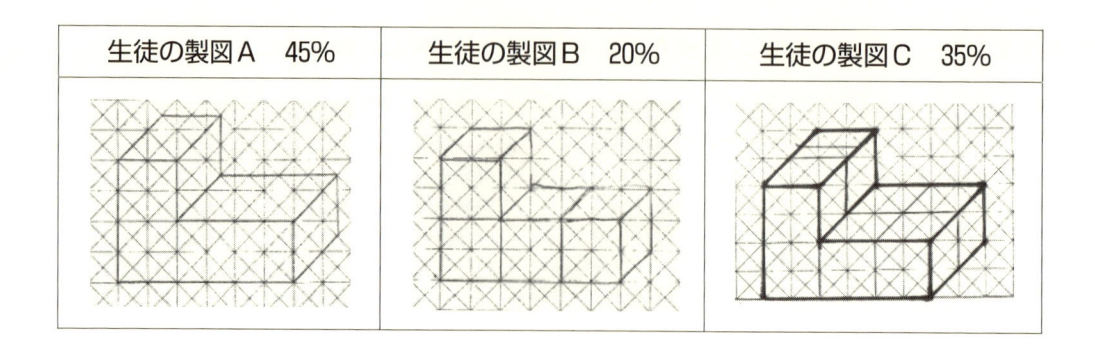

生徒の製図A　45%	生徒の製図B　20%	生徒の製図C　35%

　A，B，Cのいずれの製図でも，正面の捉えや奥行きの線の角度について問題はない。一見，奥行きについての理解が曖昧であるように思えるが，以下のような発言から十分理解していることがわかる。
　製図Aの生徒：説明された通りに行った。
　製図Bの生徒：奥行きは4マス分の長さだが，2分の1にするので2マス分になる。
　製図Cの生徒：奥行きは4マス分の長さだが，2分の1にするので2マス分になる。

　この授業ではキャビネット図用方眼紙を使用することにより，長さとマス目の混同を誘発し，頭で理解したことの曖昧さを表出させることを意図している。Aは正答であるにもかかわらず，奥行きが方眼用紙のいずれの線とも一致しないために自信をもてないでいる場合が多い。一方，誤答であるB，Cの製図は奥行きに関する発言からもすべてのポイントをしっかり理解していることが読み取れる。
　正解について教師からは説明せず，グループ活動の中で確認させる。A，B，Cの図を見ると，奥行きに違いがあることは明確であり，どのグループも自然と奥行きの測定を行い，Aが正解であることは容易に気づくことができる。しかし，この課題において大切なのは正解がどれであるかではなく，B，Cのような誤った答えを導いた原因に気づくことである。そこで，グループでの討議の中で互いの考え方を共有し合うことで，理解深化をはかることができる。

理解深化
　理解確認の活動を土台にし，作品例の製図の読み取りを行う。教師が意図的に誤りを設けた製図を作成し，誤っている部分を正しく訂正させる。単純な図形から実践的な製図へと見方を広げることにより，より理解を深めさせることが可能である。

家庭 ● 1年　食生活と自立

栄養バランスのとれた献立をつくる

楢府暢子

単元の構成（8時間）　※丸数字の時数を「教えて考えさせる授業」で展開

時数	指導内容
1	○健康と食事 ・自分の生活を振り返り，健康について考えさせる。 ・食事の役割を考えさせる。
2	○栄養素のはたらき ・栄養素と水のはたらきについて理解させる。
3	○食品に含まれる栄養素 ・食品によって含まれている栄養素の違いを理解させる。 考　食品の栄養的特徴を考えさせる。
4	○中学生の栄養の特徴 考　食事摂取基準を理解させ，中学生の特徴とその理由を考えさせる。
5	○食品群別摂取量のめやす ・食品群別摂取量のめやすを理解させる。 ・食品の概量と栄養的特徴を，成分表を用いて調べさせる。
⑥	○バランスのとれた食事　《本時》 教　食品を組み合わせることで，栄養バランスがとれることを理解させる。 教　献立作成の手順を説明し，献立作成の方法を理解させる。 考　栄養バランスのとれた献立を考えさせる。
7	○献立発表会 考　（発展課題）友達の献立の栄養バランスを点検し，過不足を考えさせる。
8	○献立作成のまとめ 考　（発展課題）その他の考慮点も考え，1日の献立を作成させる。

本時の展開（6／8時）

●目標●
一汁三菜をもとに栄養バランスのとれた献立が作成できるようにする。

●準備● 4人×10グループ 40人クラスを想定
教科書，栄養成分表，料理の写真，グループ用ホワイトボード（小）10枚，マグネット10個，ホワイトボード用マジック

教える

説明

①単品料理に，食品を組み合わせることで，栄養バランスがとれることに気付かせ，栄養バランスのとれた献立について学ぶことを説明する。（目標確認）
例）ラーメン（単品）→チャーシュー（肉）を加える→もやし（野菜）を加える

②一汁三菜の形式による献立作成の手順を説明する。
・この手順に従って献立を作成することによって，栄養バランスのとれた献立が作成できることを理解させる。
1）主菜は，魚，肉，卵，豆・豆製品を中心に選び，たんぱく質や脂質がとれること
2）主食は，穀類から選び，炭水化物がとれること
3）副菜は，野菜，イモを中心に選び，無機質，ビタミン，食物繊維がとれること
4）汁物は，1）2）3）で足りないものや味のバランスを考えて決めること
5）副々菜を加えることで，より献立が改善されること

考えさせる

理解確認

③共通材料で献立を作成し，献立の立て方を確認する。（写真を使用）
例）焼き魚→ご飯→野菜の煮物→豆腐とわかめの味噌汁→長イモサラダ
　　茹で卵→パン→野菜サラダ→牛乳→果物

理解深化

④卵サンドウイッチ（主食＋主菜），肉野菜炒め（主菜＋副菜）など，複数の食品群にまたがった料理について，栄養バランスを考慮して献立を考えさせる。
・グループごとに料理の写真を配付し，不足部分を見つけ栄養バランスのとれた献立を作成し，ホワイトボードに記入させる。
例）卵サンドウイッチ（主食＋主菜）→コールスローサラダ（副菜）→オレンジジュース（汁物）→ヨーグルト（副々菜）
　　肉野菜炒め（主菜＋副菜）→ご飯（主食）→中華風コーンスープ（汁物）→杏仁豆腐（副々菜）

自己評価

⑤今日の授業でわかったこと，まだわからないことを記述させる。
・栄養バランスのとれた献立の作成についてどこまで理解し，活用できたかを中心に書かせる。

第2章 「教えて考えさせる授業」の実際 家庭

指導のポイント

この単元のねらいと本時の位置づけ

　家庭科の中でも多くの時間を割いて行われているのが食生活分野である。食生活の導入といえるこの8時間で，栄養素の特徴や食品とのかかわり，何をどれくらい食べればよいかを理解させ，今後の実習や生徒自身の食生活改善につなげたい。

　食生活の導入であるこの8時間の授業で，本時は，まとめに位置する。ここまでの学習では，栄養素の特徴や食品との関係，何をどれだけ食べたらよいのかといった知識・理解の場面が多かった。本時では，実際に食べている食事という場面で，これまでの学習内容を確認，深めさせている。

　最終的な目標は，生徒の普段の食事と結び付け，栄養バランスを考えて食事をとるといった実践的態度の育成である。そのためには，献立作成を1回だけに終わらせず，自由献立の調理実習，長期休業中の食事作りの課題などの機会に繰り返し提示し，定着をはかりたい。

　なお，理解深化の課題は，教師の重点目標とするところや今後の展開，生徒の実態に応じて様々なバリエーションが考えられる。

本時の理解深化課題：複数の食品群にまたがる一品料理を中心に献立を考えさせる

　今回の展開例では，まず，「一汁三菜のルールに従えば，栄養バランスのとれた献立ができる」ことを理解・確認する。よく知っている料理を用いて全員でその手順を確認する。複数の例をあげる場合は，グループ活動にして確認させることも可能である。

　理解深化課題では，複数の食品群が組み合わさった一品料理を提示し，それらを一汁三菜に戻すという逆の方法で，理解を深めている。戻した結果，一汁三菜の何が不足しているかがわかるので，それを補うことで栄養バランスのとれた献立ができあがる。

〈卵サンドウィッチの場合〉

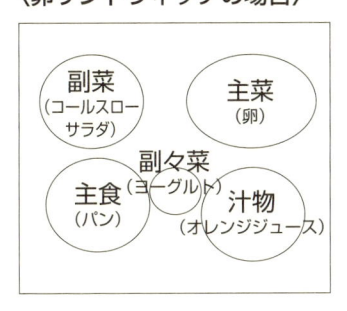

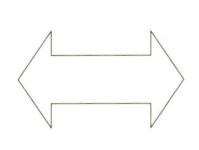

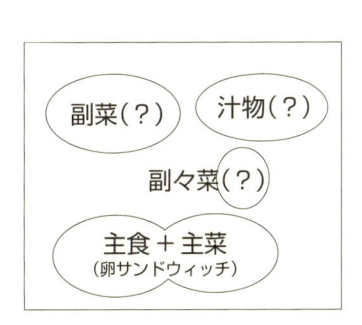

[図：左側に「副菜（コールスローサラダ）」「主菜（卵）」「主食（パン）」「副々菜（ヨーグルト）」「汁物（オレンジジュース）」，右側に「副菜（?）」「汁物（?）」「副々菜（?）」「主食＋主菜（卵サンドウィッチ）」を示し，双方向矢印で結ばれている]

日常生活では，しばしば一品料理が食されていることを考えると，より身近な場面で生徒に考えさせているといえる。したがって，自分自身のこととして，興味関心をもって取り組むことができるであろう。ただし，卵をサンドウイッチにする場合と，肉を野菜と一緒に炒めることで，主菜として食べる場合とは，量や他の栄養素のバランスは異なってくるので，教師からの注意喚起は必要であろう。高校生では，この量的バランスも考慮した上での展開を期待できる。

指導上の留意点
○予習の活用
料理名がなかなか挙げられないことが予想されるので，どんな料理があるのか，あらかじめ調べておくように指示しておく。
○食品群が組み合わさった料理を利用した献立作成が難しい場合
フライドチキンや煮魚などそれぞれが選んだ主菜を中心に，グループごとに一汁三菜の献立を作らせるとよい。
○献立発表の実施
発表という目標ができ，よりよいものを仕上げようとする。相互評価を組み合わせると，生徒の理解状況の確認ができるばかりでなく，知らなかった料理を発見するなど，生徒自身の理解深化につながると思われる。しかしながら，栄養バランスを考えてもとりにくい食品群は存在する。例えば，和食であれば乳製品，洋食であれば豆製品などである。発表の際，とりにくい食品群をさがすことで献立の傾向や注意点を見つける方向へ深化させることもできる。
○協働学習をスムーズに進めるために
前述の予習をグループ内で，主菜，主食，副菜，汁物といった種類別に分担して行わせる。それをもとに献立作成を行えば，1人1人の参加場面ができ，グループ活動の活性化をはかることができる。
○個人作業が先行してしまうような集団には
まず，各自で献立を作成するのもよい。その後，グループ内で全員が発表し，コメントを出し合い，献立改善を考えさせる。ワークシートを用意し，コメントを記録させるなどして意見を出し合う場面を設定すると，より効果的に行うことができる。

第 3 章

「教えて考えさせる授業」を充実させる取り組み

1 「三面騒議法」で協議会を活性化する

市川伸一

1 授業後の協議会のあり方

　授業後の協議会（検討会）がなかなか有意義なものにならないという声を現場の先生方からしばしばうかがう。ベテランの教師が授業者になった場合は，およそ批判的な意見や質問は出ない。一方，若手教師が授業者となった場合には，中堅・ベテラン教師から一方的な批評や指導を受けることになりがちだ。どちらも議論になりにくい。たとえ，議論する風土のある学校でも，発言者はごく一部に限られてしまう。また，中学校・高校ともなると，他教科の授業に意見するということはまずないと言ってもよいほどである。

　発言しない教師たちがけっして関心や意見がないわけではない。あとから，用紙に記入してもらったり，個人的に聞いたり，さらに，打ち上げの酒席になると実にいろいろな意見をもっていることがわかる。これが協議会の場で出てくれば，さぞかし有意義な議論になったであろうと思うのであるが，実際には，それはすでに終わっている。

　やはり，人間関係上，直接的には言いづらいこともあるのだろう。また，公開研究会や教育委員会主催の研修など，多くの参加者がいる場合に，手を挙げて発言しづらいのも理解できる。しかし，それを乗り越えていかないと，せっかくの研究授業が生かされず，授業者にとっても参加者にとっても，授業改善のヒントが得られない。実にもったいないことだと私は思っていた。

2 建設的批判とグループ討議の重要性

　授業者と参加者の双方にとって有意義な検討会にするためには，授業者の実践から学ぶことと同時に，実践に対する建設的な批判や応用可能性を出し合うことであろう。私の研究室で長年行ってきた「認知カウンセリング」（学習や理解という認知的な問題に対する個別的な学習相談活動）のケース検討会は，「批判するときは代案を出す」という原則でずっと行われてきた。最近，この検討会で，「教えて考えさせる授業」の授業

報告もときおり行われるが，そのときも大事な原則としている。

　一方，教員研修や公開研究会の授業検討の場でこうした実践検討をするときは，まず小グループの中で疑問点や賛否両論を自由に述べ合ってから全体に発表してもらうことで，できるだけ参加意識を高め，多様な意見が出やすいような工夫をしてきた。このように，建設的批判を述べ合うことと，グループ討議の導入というのは，参加しがいのある検討会にするための重要な原則ではないかと考えられる。

　そうした折，2009年12月，広島県江田島市立三高（みたか）中学校で，私が「教えて考えさせる授業」のデモ授業を実施したときに，同校でかねてから行われていたという「２色の付箋に肯定的な意見と問題点・活用例の意見を書き，グループの中で出し合い，模造紙の中に整理して発表する」という検討方式が，「教えて考えさせる授業」の４段階と組み合わされ，非常に活発で有意義な討論が行われるのを目の当たりにした。当初，中学校側も，外部から呼んだ授業者（市川）を前にして，問題点を指摘したりしてよいかを非常に気にしていたらしい。しかし，私からも，それが授業の理解や改善につながるので，むしろ強くお願いしたしだいである。その結果，すばらしいグループ討論，発表，全体会が実現したのである。

3　「三面騒議法」の手続き

　その後，提案授業を見た参加者が「よいと思った点」「問題点と改善案」「応用できそうなこと」を，それぞれ３色の付箋に貼って討論する方法を，各地の協議会で行って，その有効性を実感してきた。この方法を「三面騒議法」（騒議は造語である）と名づけている。これは一種のワークショップ型研修と言ってよい。しかし，その根底には，「認知カウンセリング」や「教えて考えさせる授業」が教育実践集団として大切にしてきた姿勢がよく表れていて，大きな特徴となっている。

　まず，その趣旨を確認しておこう。

> ○授業報告者にとっても，参加者にとっても，考察が深まり，各自の実践の向上に生かせるような授業検討会にすること。
> ○特定の積極的な発言者だけでなく，すべての参加者が「言いたいことを言う」機会をもてること。
> ○「言いっぱなし」「書きっぱなし」ではなく，相互に参照・検討し合う場とすること。

実際の手続きとしては，まず「授業参観フェイズ」からはじまる。

1）赤，青，黄の3色の付箋（大きさは縦3cm，横5cmくらい）を，各自5～6枚ずつ参加者全員に配布しておく。
2）授業（あるいは授業ビデオ）を参観する。
3）参加者は，授業中あるいは授業直後に，4段階それぞれにおいて，3色の付箋に3つの側面からのコメントを書き留める。
　　赤：工夫があり，よいと思った点
　　青：問題点と改善案
　　黄：他教科で応用できそうな点

授業が終わり，協議会に入ると，「グループ討議フェイズ」になる。

4）参加者は，4～6人程度のグループに分かれ，台紙に付箋を貼り付けていく。台紙は全体としてA0～A1くらいの大きさの模造紙を折って4分割し，4段階に分けておく。
　　①教師からの説明（予習もここに含める）
　　②理解確認
　　③理解深化
　　④自己評価／その他
5）それぞれの参加者は，貼った付箋のコメントを基に，意見をひととおり述べていく。
6）各段階ごとに意見交換をしつつ，集約された意見を台紙に太ペン（サインペンやマジックインキ）で書き込む。異なる意見が併記されることがあってもよい。

次に，全体での「発表・討論フェイズ」に移る。

7）出来上がったポスターを黒板や壁に貼り出し，司会進行者のもとで，グループの代表者が集約された意見を発表する。
8）司会進行者は，論点になりそうな点について，授業者からの説明や意見を聞いたり，他の参加者からも意見を求める。
9）発表されなかった意見以外にも，重要な論点がある場合には，授業者，参加者，司会進行者から補足し，討論を終える。

さらに、「余韻フェイズ」と称して、可能な場合には、次のようなところまでもっていく。これは、せっかく出た多様な意見を無駄にしないためにも、意義のあることだ。

○ポスターは、付箋を貼ったまま、職員室等共有できる場所に貼っておき、お互いの意見を参照し合う。
○授業者を含め、参加メンバーそれぞれが、授業とその検討会から得たポイントをまとめる。

4　授業者，参加者，司会進行者の心構え

以上が三面騒議法の手続きということになるが、その手続きをなぞっただけでは、趣旨が生かされた協議会にはならない。大切なのは、授業者，参加者，司会進行者が、どのような心構えで臨むかということである。

授業者は、自分の授業に対する意図やこだわりをきちんと主張しつつも、批判を歓迎して受け入れる姿勢をもつことが望ましい。グループ討議のときは、テーブルを回って質問なども積極的に受けるのがよいだろう。「批判を受け入れる」と言っても、批判にすべて従順である必要はない。意図を説明することや、反論することもあってよいのである。他者の意見に従うかどうかは、最終的には本人自身の問題だが、建設的な批判は自分を成長させるきっかけになるという謙虚さはもちたい。

参加者は、よいと思った点と、疑問・批判をバランスよく、遠慮なく提出することが求められる。ただし、批判するときはできるだけ代案を出すこととする。また、とくにいろいろな教科や学年の教員が参加している場合は、教科特有の細かい論点に陥らないよう注意するほうがよいだろう。

司会進行者は、グループ討議のときに各グループを回って、早めにポスターにまとめを記入するよう促す。グループ討議は盛り上がることが多く、延々と続いてしまうことがあるからだ。意見が一致しないときには両論併記でもよいし、全体討議であらためて発言することもできることを伝える。発表・討論では、異なる意見の出そうな論点を積極的に取り上げ、最終的には、応用例にも討論が向かうようにしたい。

5　三面騒議法の実施を通して

私が、授業者，参加者，司会進行者などの役割で、三面騒議法による協議会の場に出たことは、これまで20回ほどあるが、「盛り上がらなかったことはない」と言ってもよ

いだろう。

　市川研究室で毎年実施している教育研究交流会では，2010年に，私自身の行った授業の市販DVD（貝塚市における小学校国語の「はじめてのプレゼン」という授業）を素材にして，100名ほどの参加者にこの方法を体験していただいた。司会進行は研究室の卒業生で，「教えて考えさせる授業」に何度も立ち会っている植阪友理氏であった。ポスターが遠慮のないコメントでいっぱいになり，騒々しいほどのグループ討議となる。これがまさに，「騒議」の由来である。全体討論でも，司会者の引き出した論点に沿って，授業者を含めた質疑応答が広がっていった。全国から来た参加者からは，「はじめて会った先生方と，遠慮なく意見交換できた」「1つの授業でもいろいろな見方があることがよくわかった」という意見・感想が多く寄せられた。90分ほどの協議会でこれだけの満足感，充実感が得られることは，これまでなかったと言う。

　東京大学教育学部附属中等教育学校では，最近「教えて考えさせる授業」をテーマとして取り上げるようになってから，一部の校内研修や公開研究会で三面騒議法を取り入れている。中学・高校は教科の壁が厚く，なかなか意見が出にくいと言われるが，そうした障壁が取り除かれる。担当教科の混在した小グループの中で，どの先生も必ず疑問や意見を口にする。とくに，教師からの説明や理解深化課題の代案を出し合うことは，確実に指導レパートリーの拡大につながる。授業者にとっても，参加者にとっても意欲の湧いてくる協議会でありたいものである。

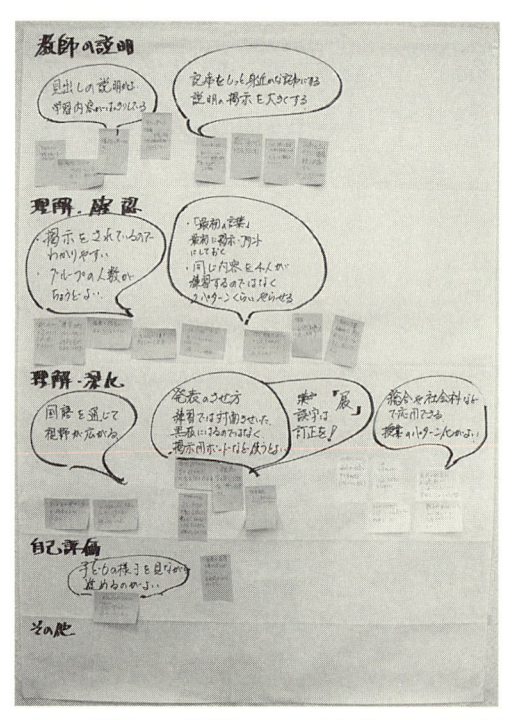

図1　「グループ討議フェイズ」後の台紙の例

※本稿は，「『教えて考えさせる授業』の協議会」（連載「『教えて考えさせる授業』をめぐって」第6回）『現代教育科学』（明治図書，2011年9月号）を加筆修正したものである。

2 指導と評価を連動させる定期テストの改善
──数学における取り組みから

床　勝信

1　はじめに

　私が定期テストの改善に取り組み始めたのは、次に述べる2つの「定期テストに対する考え」が基になっている。

　1つ目は、定期テストで「生徒の思考過程も評価したい」ということである。今までも思考過程を書かせる問題を作成してきたつもりであったが、テスト全体の中ではわずか数問であり、ほとんどは結果のみを求めていた。これでは不十分だと感じていて、何とか改善したいと思っていた。

　2つ目は、「授業と定期テストを連動させたい」ということである。「教えて考えさせる授業」を始めてから、意味理解を大切にすること、人に説明しながら自分の理解を確かめること、間違いから学ぶことなどの学習方法を推奨するようになった。これらを授業場面だけでなく、評価場面にも取り入れたいと思っていた。

　以上の理由から、平成21年度の1年生から「定期テストの改善」を始め、現在（平成23年度）に至るまで継続的に実践してきている。その具体的な取り組み内容について、次の流れで説明していくことにする。

　最初に、「テスト問題の設計」（テスト問題をどのように改善したか）について、具体的な例をあげて改善の特徴を説明する。最初の頃は、授業で取り組ませた課題の中からテスト問題を精選していたが、しだいにテスト問題の改善を意識しながら授業改善を行うようになっていた。そこで、2つめとして、テストと授業の関係について、授業の具体例を基に紹介する。

　授業だけで全員が理解できているとは限らないので、理解不十分な生徒へのサポートも必要である。また、授業で取り組ませた学習方法については、ぜひとも生徒全員に家庭学習で経験を積ませたい。そうすると、どうしてもテストと授業をつなぐものが必要になってくる。そこで、3つめとして、「テストと授業の連動」として、「数学通信の発行」についての実践を紹介する。

最後に、これらの改善により生徒の定期テストや学習方法に対する考え方がどのように変容したのかを、アンケート調査などの結果を基にして紹介し、まとめとしたい。

2　テスト問題の設計

「教えて考えさせる授業」の実践で私が大切にしてきたことは、思考過程の重視、意味理解の重視、失敗の活用である。テスト問題も、この3つをコンセプトにして改善してきた。

(1) 思考過程の重視

一般的な定期テストでは、解答用紙が問題用紙とは別に用意されており、ほとんどの問題について結果（答え）のみを書くようになっている。これでは、生徒が問題を解いた過程が評価されることはない。そこで、次のような改善を行った。

①解答用紙を廃止し、問題用紙に直接書き込ませるようにした
②ほとんどの問題について、問題を解いた過程を書くことを求めた
③正答していなくても、考え方が合っていれば部分点を与えるようにした

①については、実は2年生（平成22年度）になってからの改善である。1年生の終わりに、テストについてアンケートをとったところ、「書くスペースが狭い」という生徒からの意見が多く、解答用紙を廃止することにした。それに伴って書き込ませるスペースが必要となってくるため、問題用紙をB4からA3に大きくした。この変更は、生徒がテストの見直しをする際に大いに役立つことになった。テストを解いた時と見直しをする時ではタイムラグが生じるため、自分がどのように解いたのかを忘れてしまっている。ところが、このように変更したことで、問題も自分が解いた過程もすべて見ることができるようになった。

②については、生徒が考えたことをただ自由に書かせるのではなく、思考過程を図で表したり、論証では図を使って説明させるなど、授業で取り組んだ学習方法が定着しているかどうかを評価することを目的として改善した。

③については、配点の工夫を考えた。例えば、次ページ図1の左の例では、答えは間違っているものの、考え方（補助線の引き方）は正しいので部分点を与えている。多くの問題はこのパターンとなる。それとは逆に、図1の右の例では、あてはまる直線をただ選ぶだけではなく、理由まで合ってはじめて正解としている。このような配点の工夫は、思考過程の重要性の理解をねらったものである。

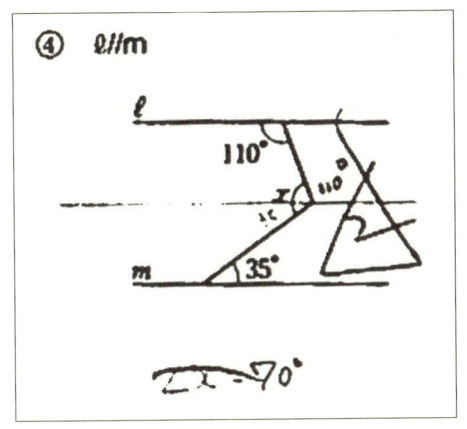

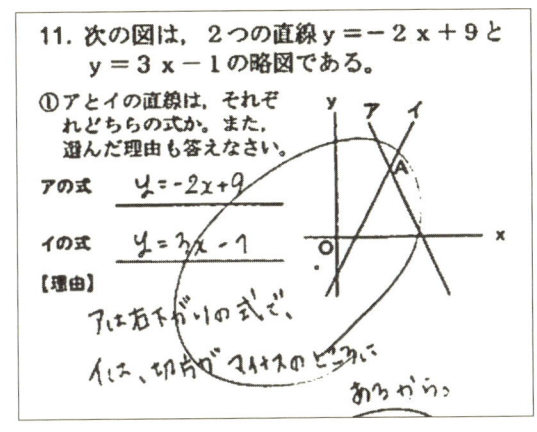

図1　定期テストの問題例：思考過程を評価する

（2）意味理解の重視

　意味理解の重視は，授業をする中でもっとも大切にしてきたことである。数学の場合は，用語，定理や公式，手続き（計算のしかた）などがあるが，ここでは，用語と公式についてのテスト問題を紹介する。

　次ページ図2の上は，一次関数での傾きと切片という用語についての問題である。問1の①は，ただ単に知識の有無を問うのに対して，問1の②や問2では，「グラフの中に，矢印や点を使って傾きや切片を表す」ことで，意味理解を問うように改善した。一般的にあまり見かけない問題であると思われるが，授業では，このような形で傾きや切片の意味理解を確認してきたため，生徒は何ら違和感をもっていない。数学の問題で，このような用語の意味の出題はめずらしいことだが，用語の意味が理解できていないと，今後，関数の問題を解くことが難しくなるので，このような問題は大事である。

　次に，下の問6は，「n角形の内角の和は，$180°×(n-2)$ である」という，公式の意味理解についての問題である。従来ならば，「六角形の内角の和を求めなさい」という設問で，解答用紙には，「$180°×(6-2)=720°$」と，式と答えを書かせるか，答えのみを書かせるかのどちらかが一般的だと思われる。しかしこれでは，公式を理解して解いたものなのか，丸暗記して解いたものなのかがわからない。丸暗記では，他へ活用することが難しく，そもそも忘れてしまうと，このような基本的な問題さえできなくなってしまう。公式は，丸暗記よりも意味理解が大事であることをねらっての出題である。

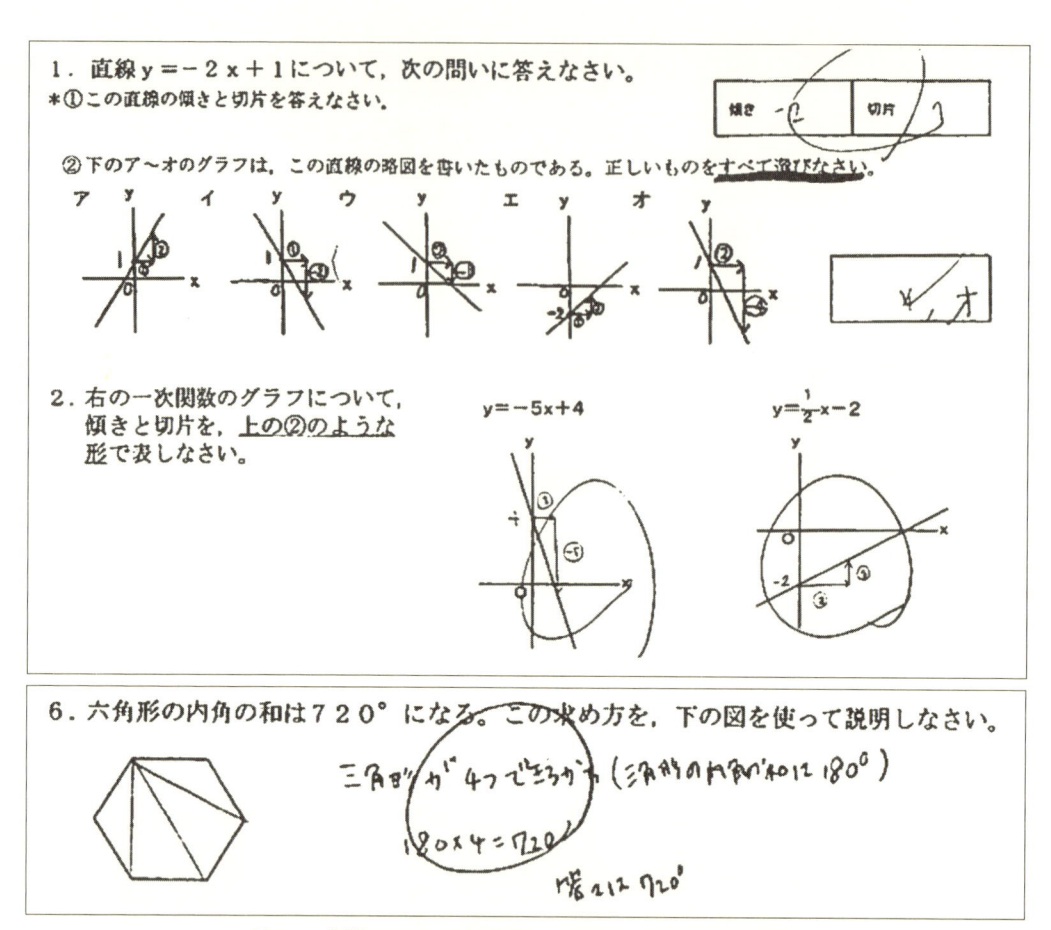

図2　定期テストの問題例：用語や公式の意味理解

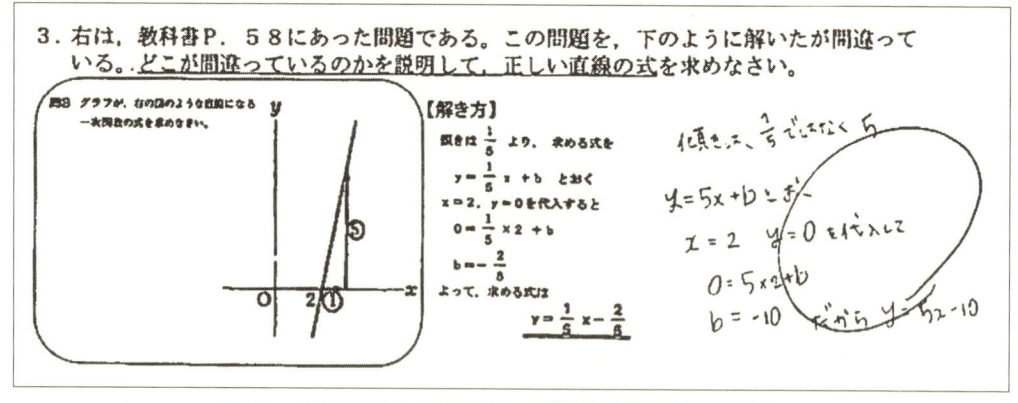

図3　定期テストの問題例：誤答の原因を説明させる

（3）失敗の活用

　失敗の活用とは，「間違えた問題で，自分の解き方のどこが間違っているのかを見直す」という意味である。これは，ぜひとも身に付けてもらいたい学習方法として，かな

第3章 「教えて考えさせる授業」を充実させる取り組み

り重きをおいた。ただ，自分の間違いを自分で見直すことは難しいことなので，ふだんの授業から，理解深化課題を中心にして数多く取り組ませてきた。定期テストでも必ず出題することにしている。

　前ページの図3の問題は，グラフから式の求め方について，従来なら一次関数の式をただ求めるだけで終わってしまうところを，どこが間違っているのかを考えさせる形に変えての出題である。このようにすることにより，傾きや切片，一次関数の式の表し方は正しいかなど，自然にもとの意味に立ち返って考える必要に迫られるため，意味をきちんと理解していないとできなくなる。なお，この問題では，「間違い」という前提で考えさせているが，定期テストによっては，解き方の正誤から判断させる問題も出題している。

3　授業改善——意味理解の重視

　テスト（評価）と授業（指導）は連動している。そこで，ここでは授業の具体を紹介しながら，両者の関係を説明したい。

　授業改善でもっとも大切にしてきたことは「意味理解」である。例として，第2章で取り上げた「多角形の内角の和」の授業（pp.28〜31）を紹介する。

　この授業での学習内容は，次の2点である。

・三角形に分けて考えること
・1つの頂点から対角線をひく方法による求め方

　よくある授業展開では，「多角形の内角の和の求め方」を説明した後は，多角形の内角の和や，正多角形の1つの内角を求めたり，内角の和から頂点の数を求めるといったような練習問題をさせることになる。生徒にとっては，学習した直後なので公式は覚えているであろうし，覚えていなくても教科書やノートを見ればわかる。ところが，これでは公式を使っての手続き練習をさせているだけで，公式の意味を理解しているかどうかの確認にはなっていない。

　そこで，教師から説明した後に，「九角形の内角の和が1260°になることを図を使って説明しなさい」という理解確認課題を与え，ペアで説明させた。さらに，理解深化として「他の分け方と比べる」課題に取り組ませた。そして，定期テストでは，図2の問6の形で出題した。

　このように，定期テストでは，理解確認や理解深化で取り組ませた課題を中心として設計するようにしている。特に，ここで紹介した問題は，すべて授業で扱った課題を基

にして作成したものである。

4 テストと授業をつなぐ──「数学通信」の発行

どのような授業でも，授業だけで生徒全員に理解させることは難しいので，テストと授業をつなぐものが必要となってくる。そこで，「数学通信」を発行することにした。

図4は，「多角形の内角の和」の授業後に配布した数学通信で，「公式は丸暗記よりも意味理解が大事である」ことをテーマにして作成したものである。授業の理解確認で取り組んだ課題を取り上げて，生徒が書いたものの例と，公式にあてはめての例を比べながら意味理解の重要性を説明した。そして，生徒が家庭学習において，公式の意味を説明できるように練習問題を入れている。生徒は，配布時（授業の最初），家庭学習，テスト前と3回読むことができる。

この数学通信は，次のような方針で作成したものである。

・授業で理解不十分な生徒ばかりでなく，全員の家庭学習のサポートとする。
・3つの重点項目（思考過程の重視，意味理解の重視，失敗の活用）についての内容

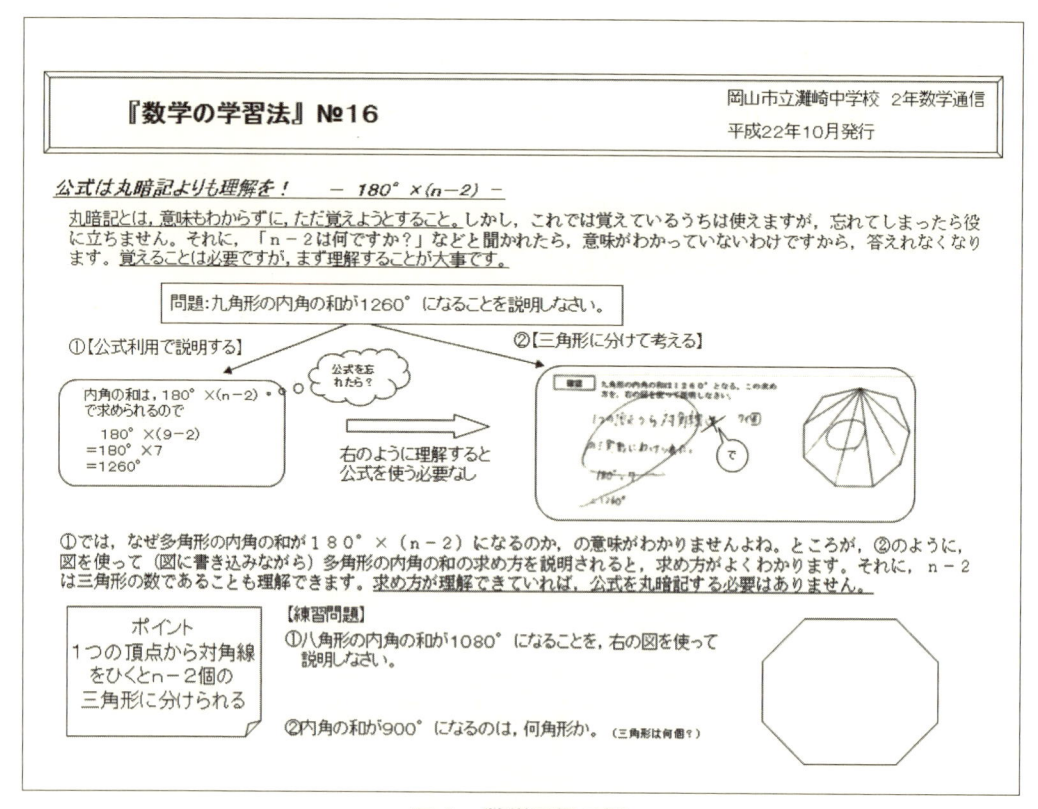

図4　数学通信の例

を中心とする。
・上の重点項目についての練習問題を入れ，生徒に体験の場を与えるようにする。
・授業で生徒が書いたものをできるだけ載せる。

ポイントは，読む必要がある生徒に読ませることである。しかも，何回も読んでもらいたいので，次のような工夫も行った。
・授業の最初に配布し，全員に読ませて簡単に解説する。
・通信で取り上げた内容は，必ず定期考査に出題する。そして，このことは生徒全員に伝える。

学習内容に応じて必要な時期に作成し，平成21年度から発行し始めて現在に至るまで，90枚近い数学通信を発行した。

5　生徒の学習観の変容

平成21年度の1年生から始めた実践であるが，最初に行った定期テスト（1学期期末考査）返却時での生徒の感想は，「学習内容から，計算ばかりが出ると思っていた」「説明ばかりでいやだ」「小学校みたいに，計算ばかりがいい」という意見が圧倒的で，今までもっていたテスト観と異なっていたため，多くの生徒が戸惑いを見せていた。テストについては，ふだんの授業から「授業でやったことがテストに出る。特に，数学通信に書かれたものは必ず出る」と生徒に説明してきたものの，1回のテストでは，生徒各自のテスト観までは変えられなかったようである。

テストを繰り返しても，なかなかこの傾向は変わらなかった。「説明問題を少なくしてほしい」「計算問題を多く出してほしい」など，むしろテスト前に要望する生徒が増えたくらいである。保護者の方も，従来のイメージ（保護者が，過去に受けたテストの経験からもつイメージ）とはかなり異なったためか，このテスト問題に驚いたようである。個人懇談など通じて，「数学の問題が，計算よりも説明が多い」とか，「テスト前に，子どもに教えたが全然違う問題が出た」などの意見があったことを，学級担任から聞かせてもらった。

1年目の最後のテスト（学年末考査）終了後に，テストについてのアンケートをとった。相も変わらず，「説明問題を少なくしてほしい」「計算問題を多く出してほしい」という意見は多かった。ただ，「解答用紙をやめてほしい。書く欄が狭すぎて書きづらい」「時間がかかるので，問題量を少なくしてほしい」など，やや容認ともとれる内容や，「計算より説明問題の方がいい」「少しずつできるようになった」という肯定的な意見も

見られるようになった。このような意見は，今まではなかったものである。

また，数学通信の活用については，ほとんどの生徒が「活用した」と回答しており，その方法については，「テスト前の見直しで使った」という回答が大半を占めた。他に，「苦手な問題の練習に使った」という回答も3割程度あり，この生徒の書いた内容を詳しく読んでみると，「説明のしかたがまだよくわからない」「頭の中ではわかっていても，何をどう書いていいのかがわからない」など，説明問題への指導については，1年間の実践だけでは，まだまだ不十分であることも感じさせられた。

ところで，生徒の学習方法はどのように変容したのであろうか。以下の図5は，「ふだん勉強するときに，どのようなことに気をつけていますか」という質問に対する3人の生徒（A，B，C）の回答である。生徒Aのような物量や丸暗記的に頼った勉強法がまだまだ多い中で，生徒Bのような，苦手な問題やわからない問題への対応，さらには，生徒Cのように丸暗記から意味理解重視への変容など，少しずつ指導してきた学習方法が身に付いてきている（生徒の学習観が変容している）生徒も見られるようになっ

【生徒A】
『数学は問いてなんぼ‼』というつもりで、とにかくたくさんの問題を問いて1つ1つをおさえていくごとに見つけた苦手を重視して解き方を覚えています。

【生徒B】
○とにかくたくさんの問題を解くようにしている。
○苦手な内容を重視している。
○わからないことを、わからないままにしないようにしている。
○授業プリントをまとめる時、先生が書かず言っただけの大切な事を自分の言葉に置きかえて、書いている。
○図を書くようにしている。

【生徒C】
外見で公式や解き方をマスターしてテストに臨んだり、証明問題とかは、理由を完全におぼえるのではなく、ちゃんと理屈を理解してテストに臨んでいる。

図5　生徒の反応：ふだんの勉強で気をつけていること

内角の和を求める公式をおぼえていたけど、考え方がわかったから、テストにでたとき、公式だけでなく、図の中にもかけて、わかった。

多角形の内角の和は、180(n-2)の公式をおぼえなくても、1つの頂点から線を引いて三角形の数から計算すればいいということが分かった。

図6　説明問題に対する生徒の意識の変容

たことは成果である。

さらにもう1つの成果として、説明問題に対する生徒の意識の変容がある。図6は、図2で示したテスト問題について、テストの見直しの際に、2人の生徒が書いた内容である。

他にも、このような意味理解の重要性について書いた生徒は多く見られた。1年生から継続して実践してきたためか、2年生の半ばにもなると、生徒の理解確認や理解深化課題に取り組む様子はスムーズで、説明問題に対する抵抗感をほとんど感じることはなくなっていた。この年度の最後に、1年生の時と同じようなアンケート調査を実施してみたところ、全員がテスト前に数学通信を活用しているという結果となった。さらには、説明問題に関しての調査では、「説明するときのコツがわかるようになった」「説明ができるようになった」「自信がついた」など、半数以上の生徒が書くようになっていた。

このように、理解したことを「説明する」とか「図を使って表す」といった学習方法は、何も数字だけに必要なものではなく、教科横断的に実践されることで、より効果が増すものと思われる。もし、学校内で他教科と連携して実践できるようになれば、次のような効果が期待できる。

① 複数教科で実践することで、家庭学習での実践時間も増えるため、自然と身に付くようになる
② 複数教科で教師が学習方法の指導を取り入れることにより、生徒にその重要性が意識化される
③ 教師間で連携して取り組むことにより、保護者や地域に対して、学校としての学力向上策を具体的にアピールすることができる

6　終わりに

この実践を始めてから2年3か月が経過した。夏休み前に、ある生徒にふだんの家庭学習での勉強方法を書いてもらった。その内容が、次ページの図7である。

この生徒は学力が高く、授業中もまじめに素直に取り組む生徒である。家庭では、塾や家庭教師など他に頼らず、自学だけで勉強している。図7で1年時から3年時への変容を見たとき、この実践の成果が表れている。他の生徒についても、ふだんの授業に取り組む様子や、テストでの解答を見たとき、その成果は同じように感じ取れるようになった。

【1年のときの記述】
・授業の内容をもう1度自分なりに分かりやすくまとめる。(家で)
・授業中、黒板に書いていることだけではなくて、先生のしゃべっている中で大切だと思うことも書く。

【3年のときの記述】
・数学通信の問題をする
・数学ノートを作って、用語や公式など大切なことをまとめる
・間違えた問題はもう一度自分で解いてみてどこが違ったのかを確かめる

図7　生徒の変容：1年時と3年時の記述の比較から

　「わかること」と「できること」，この2つに優劣はない。私たち教師の願いは，生徒に，「わかる」ようにも「できる」ようにもなってもらうことである。最初にも述べたことであるが，授業ではこの両方を求めながら，実際の定期テストでは「できる」ことだけを求めていないだろうか。私がこの実践を始めたきっかけは，この疑問からである。引き続き実践していく予定である。

3 授業を通して教科横断的な学習スキルを育てる

植阪友理

1 認知心理学を生かして「学習スキル」を育てることの大切さ

　小学校高学年から中学校にかけて，学ぶべき内容はずいぶんと高度なものになってくるうえに，量も格段に多くなってくる。こうした変化の中で，学習につまずいてしまう子どもも見られるようになる。つまずきそのものは誰にでも生じることであるが，ちょっとしたつまずきが深刻な問題につながってしまうこともある。子どもの中には，「勉強なんてなんでやらなくちゃいけないんだ」と口をとがらせる者も出てくるが，こうした発言の背景には，勉強がわかるようになりたいという願いとともに，思うようにはなっていない自分へのいらだちが現れていることも少なくない。

　筆者自身は，もともとは認知心理学を生かした個別学習指導である「認知カウンセリング」にかかわり，学習につまずいてしまった子どもたちの悩みにつきあってきた。「○○がわからないから教えてほしい」という具体的な相談が少なくないが，やりとりを通じて本当に困っていることを聞き出してみると，「うまく覚えられない」「うまく問題が解けるようにならない」「時間をかけているのにまったく成績に結びつかない」「机に向かうやる気が出ない」など，より根源的な問題が見えてくる。

　さらに，なぜこうした問題が生じているのかを，普段の授業の受け方や，家庭での学習方法も含めて探ると，「（意味を考えずに）丸暗記で対処しようとする」「答えが合うかどうかばかりを気にする」「間違っても，なぜそのような間違いが生じたのかを分析しない」など，勉強方法そのものに問題があるという実態が見えてくる。つまり，学習スキルが身に付いていないために，つまずいていることがうかがえる。

　こうした実態をふまえると，学校における学習指導の中で，学習スキルもあわせて育てていく必要があるのではないだろうか。学習スキルを身に付けることは，高校以降の学習において役立つのみならず，高度に情報化した現代では，社会に出てからも役に立つ。実は，認知心理学では，覚えるためのコツ，問題を解くためのコツなどが非常に多く提案されており，そうしたことを意識した指導方法が，「教えて考えさせる授業」の

中にも多く取り入れられている。学習スキルには教科横断的な「学ぶ力」と考えられるものが多いが，日々の「教えて考えさせる授業」を通じて，これらについても育てようとしているわけである。しかし，「教えて考えさせる授業」に取り組んでいる実践校の授業を見ていると，こうした指導方法がめざすものの意味が十分に伝わっていないと感じることも多い。

こうした問題意識をふまえ，本稿では，まず「教えて考えさせる授業」が基盤としている認知心理学の中でも，学習スキルにかかわる研究を紹介し，認知心理学とはどのような学問であり，どのような学習者を育てようとしているのかを概観する。また，こうした視点から，「教えて考えさせる授業」で推奨されているいくつかの指導方法の意味を考え直す。さらに，近年のいくつかの実践から，認知心理学の発想をふまえながらも，独自の工夫を行っているユニークな授業について紹介する。

2　自立した学習者に求められる学習スキル

認知心理学では，学習スキルは「学習方略（learning strategy）」と呼ばれ，盛んに研究されている。方略とは，作戦や方法といった意味であり，学習方略研究とは，効果的な勉強方法とはどのようなものかを明らかにしている研究領域といえるだろう。学習方略にかかわる研究領域では，様々な学習方法のコツが提案されており，すべてを紹介することはできないが，これらの方法は3種類ほどに大別できる。ここではその3つの分類に従って説明する。

（1）第1のコツ：意味や構造を理解する

学校では，何か新しい知識や技能を身に付けたり，それらの知識を使って新たな問題を解決する場面が多くあるが，こうしたことを苦手にしている学習者は少なくない。このような学習者は，どのように学ぶことが有効だと考えられるだろうか。

まず，皆さんは自分の記憶力がどのくらいかを知っているだろうか。例えば，「4，8，3，2……」といった無秩序な数列を聞かされ，聞き終わった後に紙に書き出すように言われたとすると，何ケタまで覚えていることができるだろうか。実は，これまでの研究から，ほとんどの人が7個前後であることがわかっている（Miller, 1956）。つまり，無秩序な数列を覚える場合のように，丸暗記しか使わない場合には，人間の記憶力はきわめて限られたものなのである。

では，「1，4，9，1，6，2，5，3，6，4，9，6，4，…」といった数列や，図1に示し

たような図形ではどうだろうか。15秒ほど見た後に、それを見ないで正しく再現できるだろうか。講演会などで参加者に試してもらうと、簡単に覚えられるという人が出てくる。どのように覚えたのかを聞いてみると、「$1×1=1$、$2×2=4$、$3×3=9$、$4×4=16$、……と、2乗した数になっている」や「mirror という文字の筆記体が、鏡文字になっている」などのように答えてくれる。つまり、うまく覚えられた人は、丸暗記するのではなく、数列や図形の意味を理解して覚えていたというわけである。

図1　これらを覚えるコツは？
市川 (1998) より転載

人間の記憶は非常に優れており、様々な情報を蓄えることや、それらを新たな場面で活用することができる。しかし、丸暗記によって詰め込んだ場合には、非常に限られた力しか発揮することしかできなくなってしまう。それに対して、自分のもっている知識と関連づけたり、どのような構造になっているのかを理解したりすることによって、その容量を飛躍的に大きくすることができる。つまり、うまく知識や技能を身に付けるには、丸暗記をしたり、単純な反復を繰り返したりするだけでなく、「意味や構造を理解する」ことが非常に大切なのである。このコツは、「認知的方略」と呼ばれている。

（2）第2のコツ：自分の理解状態を意識化する

2つ目のコツは、「自分の理解状態を意識化する」ということである。認知心理学では、自分の頭の中を客観的に分析する力のことを「メタ認知（metacognition）」と呼んでおり、「自分の理解状態を意識化する」という学び方は「メタ認知的方略」と呼ばれている。メタ認知には、いくつかの要素が含まれるが、重要な点として「自分の弱点を意識化する」ということが挙げられる。例えば、「私は一体何がわかっていないのだろう？」「私にはこんな弱点があるようだ」といったことを意識するのである。もし、失敗から自分の弱点を抽出できれば、よりよく学習できることになる。逆にいえば、せっかく問題を解いても、そこから自分の失敗の原因を抽出できない場合には、同じような間違いを繰り返し、一向に成績に結びつかないということも生じてしまう。中学生で成績が伸び悩んで来談する生徒の中には、こうしたことが十分にできていないことが原因であることも少なくない（例, 植阪, 2010）。

さらに、その背景には、「失敗したときこそ自分の弱点を知るよいチャンス」という発想が希薄だったり、「ひたすら勉強をすることが大切」と考え、「勉強方法を工夫する

ことが大切」とは考えていなかったりすることがある。勉強に対する考え方は学習観と呼ばれており，学習観から変化させていかなければ，いくらよい学び方を体験しても，自発的に使うようにはならない。授業の中で，学習スキルを体験させるだけではなく，その根底にある発想そのものも伝えていく必要があるといえよう。

　また，自分が理解できていることを意識化する，ということも大切である。個別学習相談などでは，学習者が「わかった，わかった！」と喜んでいても，1週間も経つとすっかり忘れてしまうということがしばしば起こる。このため，認知カウンセリングでは，わかったことや，わかっていなかったことを教訓として書き留めておくことが奨励されており，「教訓帰納」と呼ばれている（市川，1993）。このように，「今まではこういうふうに考えていたけれど，こうだった」ということや「今日の授業のポイントはここだ」ということを意識化させることも有効であろう。

（3）第3のコツ：道具や他者を活用する

　第3のコツは，道具や他者など，自分の身の回りにある資源を活用するということである。よくできる人は，難しい問題を考える際に，自然に紙を取り出し，そこに図や表をかいて考えてみるということをするのではないだろうか。これは，頭の中だけで考えているのではなく，図や表という「道具」を活用し，手を動かしながら考えていることにほかならない。また，他者に相談しながら問題を解決するということも有効である。

　このように，人間は頭の中だけで考えているのではなく，図や表，他者，辞書，テレビなど，頭の外の様々な物を使いながら考えている。このような勉強方法は，頭の外の資源（リソース）を活用しているという意味から，「外的リソース方略」と呼ばれている。

　実は，日本の子どもは，海外の子どもに比べて，手を動かしながら考えることが苦手であることが，筆者らの調査からわかっている（Uesaka, Manalo & Ichikawa, 2007）。外的リソースを活用しながら粘り強く考える力は，社会に出てからも重要となる学習スキルであると考えられるが，こうしたことが十分に身に付いていない。

　また，お互いに助け合ったり，相談したりしながら問題を解決するということも，日本の子どもたちが今後学んでいくべき大切な学習スキルである。心理学の研究からは，単にわかっている学習者がうまく質問するだけではなく，理解できていない学習者が上手な質問をすることで，教える側にとっても教わる側にとっても双方の理解が深まることが明らかになっている（Miyake, 1986）。つまり，教わる側が自分のわからないこと

をはっきりさせて問いかけることが、双方の深い理解につながるというわけである。

　また、上手な質問とは、「なぜ」や「仕組み」にかかわる質問であることも明らかとなっている。教わる側は、単に答えを求めるだけではなく、なぜそうなるのか、どういう仕組みなのかといった点に疑問をもつことも大切である。他者との協同がうまくいくためにも、認知的方略についての解説の中で指摘したように意味を理解しようとする発想をもつことや、メタ認知的方略で指摘したように自分のわからないことをはっきりさせようとする姿勢が求められる。

3　認知心理学を生かした「教えて考えさせる授業」で推奨される指導方法

　上述したような認知心理学の発想は、「教えて考えさせる授業」で推奨されている指導方法にも生かされている。以下、いくつかの代表的な指導方法を取り上げ、そうした指導方法を通じてどのような学習者を育てようとしているのかを紹介したい。

（1）人に説明することで理解を確かめる

　認知的方略やメタ認知的方略の解説で触れたように、認知心理学では意味や構造を理解していることや、そのことを学習者自身が意識化することを大切にしている。こうした発想をふまえ、「教えて考えさせる授業」には丸暗記ではなく、理解できているのかを確認するような活動が多く取り入れられている。例えば、理解確認の段階とは、まさしくそのような段階である。ただし、実践を見ていると、この段階が単に問題を解くだけになっていることも少なくない。確かに、解けるということは、理解の第1段階ではあるが、認知カウンセリングを行っていると、理解して問題を解いているように見える子どもであっても、実はただ数値を当てはめて解いているだけのことも珍しくない。

　本当に理解しているのかを確認するための方法として、「人に説明してみる」ということが重視されているのはそのためである。なぜそうなるのかや、教師が説明した（手続きではなく）その意味について、あらためて説明を求めてみると、「うーん、うまく説明できないな……」と詰まってしまうこともしばしばである。こうしたやりとりを通じて、教師のみならず子ども自身も「わかったつもり」であったことに気づくことになる。その一方で、「これはね、こういうことだよ」と例などを挙げながら自分の言葉でわかりやすく説明できる子どももいるだろう。こうした状態こそ、本当に理解した状態といえる。こうなれば、簡単に忘れてしまうということも少なくなる。中でも、「わからないという人が聞いてわかるような説明ができる」ことは、最も理解が深い状態と考

えられる。

　なお，実践の中には，説明を求める際に話型が強調されることも多い（特に，小学校ではこの傾向が顕著に見られる）。確かに，説明になれていない子どもたちにとって，「はじめに，次に，最後に，の順で説明しなさい」などのような話型は，何も手がかりがないよりはよいかもしれない。しかし，ここでめざしたいのは，将来的には「あれ，僕は理解できているだろうか。確かめるために説明できるかどうか試してみよう」と自分1人でもこうした活動ができる学習者である。これまでに学んだ様々な知識を総動員し，図や表なども活用しながら自分なりの言葉で語れることこそが大切なのである。話型を使って説明ができることを過度に強調するよりも，「理解している状態」とは「わからない人がわかっていってくれるような説明ができること」ということを強調することの方が大切ではないだろうか。

（2）自己評価／他者の失敗を言葉にしてみる

　メタ認知的方略の解説で示したように，自分の理解状態を把握することは重要であるが，こうしたことを自発的に行う子どもはあまり多くないため，最初は授業の中で体験することが有効となる。こうした発想をふまえて「教えて考えさせる授業」では，終末に自己評価の段階が設けられている。この段階に関しては，理解度を段階評定によって自己診断させたり，説明できると思うかを判断させたりするだけで済ませてしまう授業も散見される。しかし，上述したことをふまえると，それだけでは十分とはいえない。本人の言葉で，わかったことやわかっていないことを説明させることが重要なのである。

　ただし，自分の理解状態を意識化するというのは，必ずしも容易ではない。とくに，こうした学習方法を自分の学習のレパートリーとしてもっていない場合には，「今日の授業でわかったこと，まだわからないことを書きなさい」と言われても，「今日はよくわかった」「楽しかった」「難しかった」など，単なる感想に終わってしまうことも少なくない。こうした学習者が，本当にメタ認知を発揮して，自分の理解状態をはっきりとさせられるようになるには，やはり促すだけではなく，指導が必要であろう。1つの方法は，うまく書けている自己評価を共有することである。こうした「よい例」を知り，どのような点がよいかを知ることで，「なるほど，あのようにすればよいのだ」と学習することになる。

　このほかに，理解深化において，児童生徒に「間違っている箇所を指摘させる」とい

う試みもよく行われており，こうしたこともメタ認知的方略を鍛えることにつながる。なぜならば，自分の頭の中を分析することに比べると，人の間違いを指摘することのほうがハードルが低いからである。「これは間違い。なぜならば……」と説明させる活動は，学習内容そのものの理解を深めるとともに，自分の理解状態を分析する下準備にもつながる。

（3）図表を使って教え合う

　外的リソース方略の解説で示したように，認知心理学では，他者と協同で学習を進めたり図表を使って考えたりすることは重要な学習スキルとされる。この発想に基づいて，「教えて考えさせる授業」では，理解確認や理解深化の段階にペア学習やグループ学習が多く取り入れられている。また，その際には図表を活用しながら教え合ったり，問題を解き合ったりすることが重視されている。ただ，実践を見ていると，ペアやグループにした必然性や効果がうまく見えてこない場合も少なくない。時に，形骸化した説明になっていると感じざるを得ないこともある。

　もともとどのような学習者にしたいのかに立ち戻って考えてみると，相手の説明を聞いて，「ここがよくわからないんだけど」と本当に自分のわからないことを質問できることや，お互いにやりとりをしながら「なるほどそういうことか」と意味を理解し，納得できる学習者を育てたいはずである。質問を出してもらうことは，それに答えて説明をする側にとっても，理解を深めるよい機会となる。わからない部分を出し合い，わかっていることについては教え合い，お互いに理解を深めるということを大切にしたいところである。

　また，日本の子どもは図表を使いながら考えていないという点は指摘したとおりであるが，その一方で，日本の教師は海外の教師よりも多くの図表を使いながら教えているという指摘もある。つまり，教師は多くの図表を使って教えているにもかかわらず，児童生徒がどのくらい図表を自発的に使うかということを調べてみると，海外に負けてしまうのである。

　なぜこうしたことが生じるのか理由を分析してみると，日本の子どもは「図や表は先生がわかりやすく教えるための道具」としてとらえており，「自分たちが問題を解くための道具」とは考えていないことが明らかになってきている。こうした問題を解消するための1つ方法として，図表を使って教え合うという場面を設定することが有効である（例，Uesaka & Manalo, 2007）。図表を使って教えることによって，図表を使わざるを

得ない必然的な環境が生まれるとともに，図表を使って自分で説明してみると，「なるほど図表は便利である」と実感できるというわけである。

なお，図表の利用については，教師は多くの図表を使って教えている一方で，図表をかいて考えるとよいということを明示的には伝えていないことも原因の1つであることが示唆されている。このことは，学習スキルを指導する際の教訓を与えてくれる。教師は，日々の指導の中で，図表をはじめとして多くの学び方のモデルを見せていても，それらの価値を子ども自身が意識化するような機会は少ないと考えられる。つまり，学び方のモデルを見せるだけでは，必ずしも子どもたちの身には付かないということである。日々の指導の中で，子どもがそれらの価値を実感する機会をつくる必要があるといえるだろう。

4　特色のある実践

（1）リエボー（Rapid ideas essential board pad）の活用

最後に，上述したような学習スキルを育てる工夫を独自に提案している2つの実践を紹介する。1つ目は，岡山県備前市立日生西小学校の「リエボー」を用いた実践である。小学校の実践であるが，校種や教科を超えて利用できるようなアイデアを提案している。リエボーとは，Rapid ideas essential board pad の略である。具体的には，図2のように，B6ほどの大きさのバインダーボードに，裏紙を重ねたものである。日生西小学校ではすべての子どもが1人1つずつこのリエボーをもっており，授業中にいつでも使えるように，普段は机の横にかけてある。

第1の特徴はその使い方である。まず，この学校では，理解確認や理解深化の際に，このリエボーを自由に使いながら説明している。大人の世界でも，人に何かを説明する際に裏紙などを利用して，図などをかきながら説明するということがあるだろう。また，何か1つの問題を協同で解決する際に，紙やホワイトボードなどを囲みながら相談するということもあるだろう。リエボーでは，こうした問題解決力がある大人が実現しているような活動を行いやすい環境を設定し，子どもにも求めることで，こうした学習スキルを身に付けさせることをめざしているのである（図3は，子どもたちがリエボーを使って

図2　リエボーの実際

教え合う様子。書かれたものを相手に向けながら説明している様子がわかる）。

クラスによっては，問題が解けた子どもが，リエボーを黒板代わりにして先生のように説明してみるという実践も行われている。大切なものについては，ハリエボーという名前でノートに貼り付けて残す工夫も取り入れている。子どもたちが話型にこだわるのではなく，自由にメモを取りながら他者にわかるように説明するという姿は，深い理解の状態を示しているとともに，こうした活動を通じて図表を自発的に活用できる子どもを育てることをめざしている点で，特徴的な実践である。また，リエボーを使ってうまく説明ができていないという状態に気づくことは，メタ認知にもつながると考えられる。

図3　リエボーで教え合う

このリエボーが提案されてきた背景には，先述したような，日本の子どもは手を動かしながら考える力が弱いということが挙げられる。日生西小学校でも，この実践を開始する前には，認知心理学を生かした診断テストである算数数学診断テストCOMPASS (Componential Assessment；市川ら，2009) を通じて，図表を自発的に作成することや，図表にかき込みをしながら考えることが十分ではないということが明らかになっていた。COMPASSの結果をふまえた検討会では，「ノートを汚くするのは嫌だ」という子どもの思いが自発的に図表をかきながら説明することをはばんでいるのではないか，といった議論がなされていた。図表といった頭の外の資源（外的リソース）がうまく活用できていないという問題意識を解決するための方法であるが，単に教師から図表を利用するように声かけをするだけではなく，子ども同士が活用しやすい道具を与え，環境を整えている点でユニークである。

また，リエボーは，学校の授業を超えても利用されている。例えば，クラスによっては，リエボーの用紙を家庭に持ち帰らせ，保護者に説明するように促すということも行われている。これらは，授業中の理解確認の段階として，教師の説明を同じように聞いている友達に仮想的に教えてみるということより，より高度なコミュニケーション力が求められる。教科横断的な言語力の育成にもつながっているのである。

リエボーの実践の2つ目の特徴は，リエボーを使いこなせるようにするための指導である。リエボーは，算数・数学の学習に限った道具ではない。子どもが自由に使ってよいこととなっているため，様々な場面で活用されている。例えば，ある子どもはクラス

会の司会を行う際の進行の手順を，箇条書きにして自発的にメモとして残していた。このように，教えられていないことについても自ら活用できるようになることはある種の理想であるが，そのことを単に期待しているだけでは不十分であろう。

　日生西小学校では，リエボーを使いこなせるようになるための指導にも工夫を加えている。例えば，リエボーは小学校1年生から利用されているが，1年生では「リエボーアイテム」というかたちで，リエボーで説明する際の工夫も明示的に指導している。例えば，「リエボーでの学びかた」とあり，図表を使ってお互いに説明し合うことの大切さが強調されている。また，「→」「おさら図」「わけめ線・まとめ線」などのように，子どもと教師が図表に共通の名前をつけ，教室の横にはそれらをアイテムとしてまとめた模造紙を貼り出している（図4）。説明の際にも，子ども自身が「おさら図を使うと……」などのように，これらの言葉を活用している。

　さらに指導に用いられている図表には，いくつかの系統性が存在する。日生西小学校では，6年分の算数の教科書を分析し，指導される図表の系統性を整理していっている。これらの系統性をふまえて，教師の説明で用いる図表を決定している。このことによって，子どもはリエボーを使いながら，学習スキルを自然なかたちで身に付けるとともに，説明する力についても少しずつ向上できるように工夫がされている。小学校の実践ではあるが，めざしている子ども像や，うまく使いこなせるようにするための指導など，中学校であっても学べることが多い実践であろう。

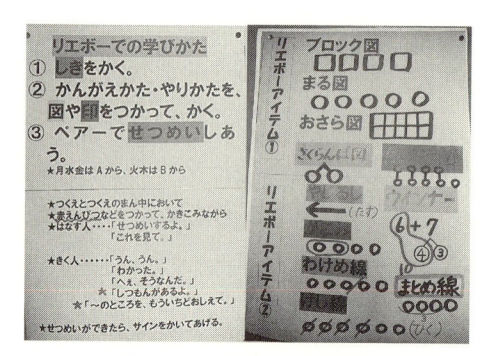

図4　リエボーアイテム

（2）自己評価の充実と授業との連携

　「教えて考えさせる授業」における自己評価では，書くことそのものにも意味があると考えられるが，それだけではなく，様々な工夫を加えたり，授業の中で活用したりすることで，授業をよりよくすることにつながる。東京大学教育学部附属中等教育学校の体育科では，そうした工夫を行っている。

　例えば，タグラグビー・フラッグフットボールを取り上げた井口成明教諭の実践では，自己評価の中で，毎回の授業後に図と言葉で，その授業でつかんだコツや教訓を「戦術ノート」と名づけて生徒自身に書き残させていた（図5）。一見すると体育のよう

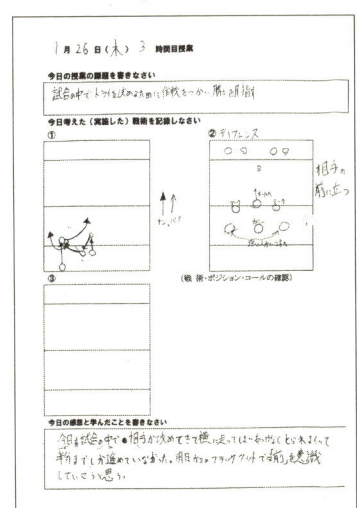

第3章 「教えて考えさせる授業」を充実させる取り組み

〈初期〉　　　　　　　　　　　〈その後〉

図5　井口実践における自己評価の例とその変化

な身体知は，言語化とはなじまないように思われるかもしれないが，スポーツの技の習得のために有効であることが事例研究も含めて示されている（例，諏訪，2005，2007）。こうした授業を続けていく中で，当初はうまく教訓を抽出したり図表をかいたりできなかった生徒も，実にうまくかけるようになってきている様子がうかがわれる。

　例えば，図5の左はある生徒の初期の自己評価である。「今まで学んできたものと全く違った。後ろ限定パスは今日1日中慣れることが出来ずミスをしまくってしまった。これから変えていきたいです」とあり，自分の失敗を意識している点はよい点であるが，教訓は漠然としており，そうしたことを図表にうまく表すことができていない。一方で，図5の右は同じ生徒のその後の自己評価である。「今日は試合の中で相手が攻めてきて横に走ってしまいあっけなくとられまくって半分までしか進めていなかった。明日からのフラッグフットでは『前』を意識していこうと思う」というように，記述がかなり詳細になっており，次に生きるような教訓になっている様子がわかる。また，図に言葉を加えるなど，見返した後にもわかりやすい表現へと変化している。

　なお，こうした自己評価を可能にする前提として，教師の説明では，ホワイトボードとマグネット（クォーターバック；QB，ランニングバック；RBなどが印字されている）が活用され，戦術ノートの図のイメージと一貫していた。また，理解確認でもグループに1つずつミニホワイトボードとマグネットが与えられ，生徒たちはこうしたものを活用しながら協同で戦術を相談し，新たな戦術を生み出していた。つまり，教師からの説明や，理解確認における指導の上の工夫が，自己評価と連動しているのである。

また，ここでの記述は，どの子どもがどのようなことに苦手意識をもっているのか把握し，指導に生かすためにも活用されていた。例えば，ある生徒は「パスが難しい」ということを戦術ノートの中で繰り返し述べていた。この生徒のパスの様子を確認してみると，力が入り，投げる腕を伸縮させてしまい，まっすぐに投げられていないことがわかった。そこで，こうした記述をもとに，練習試合前に設けたチームごとの個別練習では，この生徒が属するチームのメンバーの協力を得て，パスの練習を繰り返し行う時間をとったという。すると，練習試合後のこの生徒の戦術ノートには，自己評価としては必ずしも十分とは言えないものの，「意外といける」という言葉が見られ，その後の授業の戦術ノートからも動機づけそのものが高くなっていることが見受けられた。これは，自己評価の様子から，授業を変化させた例と言えよう。

　さらに，井口教諭の授業は，戦術の理解にとどまらず，その競技の文化的背景の理解まで射程に入れたものであった。例えば，タグラグビーは，ラグビーの系譜をひく競技であり，全員参加で攻撃を行うヨーロッパ型の競技である。一方，フラッグフットは，アメリカンフットボールの系譜をひく競技であり，機能分化を前提とするアメリカ型の競技である。この単元の最終的な目標は，ヨーロッパ型のスポーツのあり方と，アメリカ型のスポーツのあり方にまで広げて考え，スポーツに対する自分の考え方を意識化させることにあった。また，ルールそのものについても授業の中で生徒とともに検討して柔軟に変化させ，既存のルールを所与のものとして受け止めるだけの発想を切り替えることもねらっている。この点について，ある生徒の自己評価には，「タグラグビーのほうが楽しかった。アメフトはなんか個人の能力が高いと，1人で行けてしまう気がする。次回はもっと協力できるようになったらいいと思う」といった記述が見られた。スポーツに対する考え方であるスポーツ観にまで踏み込みたいという高い目標設定は，有意義な振り返りがあればこそ可能となっている。

　また，自己評価を授業の様々な場面で取り上げ，活用するという工夫も行われている。例えば，同校の淺川俊彦教諭による高校1年生に対する柔道の授業では，まず，授業の冒頭で前回の授業で書かれた自己評価を紹介するだけでなく，授業の途中にもたびたび自己評価に言及するということが見られた。淺川教諭の方でも，事前に付箋を貼って紹介したい生徒の自己評価を区別しておくなど，授業でスムーズに取り上げるための工夫を行っていた。自己評価に言及する際には，生徒の名前もあわせて紹介されており，授業の中で教師が取り上げるたびに，名前を挙げられた生徒はもちろんのこと，周りの生徒は他の生徒がどんなことを書いていたのか実に真剣な面持ちで聞いていた。

体育に限らず，何らかの技能を習得するタイプの授業の場合，1回の授業だけですぐに十分なレベルに達するわけではないだろう。このため，その後の授業の中で復習したり，練習したりするフェーズが設けられることになる。こうした場面に，他の生徒が少しずつつかんでいったコツを紹介することで，ポイントを意識しながら技能習得のための練習を行うことができる。

淺川教諭の授業では，「乱取りをしよう」と声かけをすると，生徒から「やった～！」という歓声が上がっていたが，その背景には，（ここでは紹介できなかった多くの点も含めて）淺川教諭の工夫によって，コツを意識し，それを使ってみたいと感じている生徒たちの高い意欲が挙げられる。自己評価なども活用しながら「こうすればできるはずだ」という感覚をもたせることは，実際には必ずしも十分にできなかったとしても，「もっとやってみたい！」という動機づけの向上につながるだろう。

5　結びにかえて：教科横断的な学力としての学習スキル

本稿では，「教えて考えさせる授業」が基盤としている認知心理学の中でも，学習スキルにかかわる研究成果を紹介し，「教えて考えさせる授業」の中で用いられているような指導方法がなぜ重要であるのかを見直した。また，独自の工夫を加えた2つの事例も紹介した。学習スキルは，最終的には家庭学習のように教師がいないところでも，自発的に利用してくれることが期待される。しかし，子どもの実態が示しているように，単に期待するだけでは自発的にそうしたことを行ってくれるようにはならないだろう。授業の中で体験させ，そのよさを実感させることによってはじめて子どもたちの学習のレパートリーとして定着していくことになる。

日本の従来のカリキュラムでは，学習スキルについては，必ずしも十分に議論されておらず，むしろ暗黙のうちに学んでほしいと期待されていることであった（「ヒドゥン・カリキュラム」と呼ばれる）。しかし，社会に出てから実に様々なことを自ら学んでいくことが期待されている今の子どもたちにとっては，学習スキルは学校教育で身に付けるべき重要な学力要素となっている。

今回の学習指導要領の改訂では，言語力を教科横断的に育てるという考え方が導入されている。それぞれの教科で固有の具体的な内容を指導しながら，同時に，それを下支えするような共通学力も育てていくという発想である。本稿で紹介したような学習スキルも，教科横断的な学力である。今後は，学習スキルをはじめとして，教科横断的な学力を育てていくという発想が，より強くなっていく可能性も十分にあるだろう。言語力

や学習スキルの指導など，教科横断的な学力の育成は難しいと感じられるかもしれないが，これらはよくできる学習者にとっては実に当たり前のことなのである。自分が熟達しているがゆえに，他者のつまずきに気づきにくいということは，エキスパート・ブラインドスポットと言われている。教師はもともと勉強のよくできる子どもであったことが多いことを考えると，同様のことが生じているのかもかもしれない。

「教えて考えさせる授業」は，認知カウンセリングのように学習につまずいた子どもへの個別学習相談を行う経験をふまえて提案されてきている。一度，学習につまずいている学習者に寄り添い，その難しさに共感し，つまずきの原因を分析することが，どのような学習スキルを育てるべきかの指針を与えてくれるのかもしれない。

引用文献

市川伸一（編）（1993）学習を支える認知カウンセリング：心理学と教育の新たな接点　東京：ブレーン出版

市川伸一（1998）心理学から学習をみなおす　東京：岩波書店

市川伸一・南風原朝和・杉澤武俊・瀬尾美紀子・清河幸子・犬塚美輪・村山航・植阪友理・小林寛子・篠ヶ谷圭太（2009）数学の学力・学習力診断テストCOMPASSの開発　認知科学，16（3），333-347.

Miller, G. A. (1956) The magical number seven, plus or minus two: Some limits on our capacity for processing information. The Psychological Review, 63, 81-97.

Miyake, N. (1986) The constructive interaction and the iterative process of understanding. Cognitive Science, 10, 151-177.

諏訪正樹（2005）身体知獲得のツールとしてのメタ認知的言語化　人工知能学会誌，20（5），525-532.

諏訪正樹（2007）スポーツの技の習得のためのメタ認知的言語化：学習方法論（how）を探究する実践　第6回情報科学技術フォーラム講演論文集（CD-ROM）.
　　<http://www.ipsj.or.jp/10jigyo/fit/fit2007/fit2007program/html/event/pdf/6C2_4.pdf>
　　（2011/02/21アクセス）

植阪友理（2010）学習方略は教科間でいかに転移するか：「教訓帰納」の自発的な利用を促す事例研究から　教育心理学研究，58, 80-94.

Uesaka, Y. & Manalo, E. (2007) Peer instruction as a way of promoting spontaneous use of diagrams when solving math word problems. Proceedings of the 29th Annual Cognitive Science Society (pp. 677-682). Austin, TX: Cognitive Science Society.

Uesaka, Y., Manalo, E., & Ichikawa, S. (2007) What kinds of perceptions and daily learning behaviors promote students' use of diagrams in mathematics problem solving? Learning and Instruction, 17, 322-335.

■執筆者一覧

氏名	所属	担当
市川　伸一	東京大学大学院教育学研究科教授	第1章 p.8-12、第2章 p.14-18、第3章 p.114-118
佃　　拓生	盛岡市立上田中学校教諭	第2章「数学」p.20-23
吉本　　祐	金沢市立清泉中学校教諭	第2章「数学」p.24-27
床　　勝信	岡山市立灘崎中学校教諭	第2章「数学」p.28-31、第3章 p.119-128
松本　香樹	千曲市立更埴西中学校教諭	第2章「理科」p.32-35
藤枝　昌利	盛岡市立上田中学校教諭	第2章「理科」p.36-39
小松　　寛	東京大学教育学部附属中等教育学校教諭	第2章「理科」p.40-43
八方　真治	岡山市立灘崎中学校教諭	第2章「国語」p.44-47
伊勢　博子	大分市立中島小学校教諭	第2章「国語」p.48-51
藤川　和孝	玉野市立玉中学校教諭	第2章「国語」p.52-55
澤口　良夫	盛岡市立上田中学校教諭	第2章「社会」p.56-59
藤山　英人	江田島市立江田島中学校教諭	第2章「社会」p.60-65
岡本　千尋	岡山市立灘崎中学校教諭	第2章「社会」p.66-69
久保田千晶	玉野市立玉中学校教諭	第2章「英語」p.70-73
元成　幸恵	岡山市立灘崎中学校教諭	第2章「英語」p.74-77
橋爪　祐一	諏訪市立諏訪西中学校教諭	第2章「英語」p.78-81
岡本　　礼	盛岡市立上田中学校教諭	第2章「音楽」p.82-85
西澤　真一	千曲市立更埴西中学校教諭	第2章「音楽」p.86-89
北沢孝太郎	千曲市立更埴西中学校教諭	第2章「美術」p.90-93
山本　勝彦	盛岡市立上田中学校教諭	第2章「美術」p.94-96
田中　耕史	千曲市立更埴西中学校教諭	第2章「保健体育」p.97-100
村松　正博	盛岡市立上田中学校教諭	第2章「保健体育」p.101-104
坂本　　大	盛岡市立上田中学校教諭	第2章「技術」p.105-108
楢府　暢子	東京大学教育学部附属中等教育学校教諭	第2章「家庭」p.109-112
植阪　友理	東京大学大学院教育学研究科 学校教育教育高度化センター助教	第3章 p.129-142

（執筆順　所属は2012年2月現在）

■編者紹介

市川伸一（いちかわ・しんいち）

1953年，東京生まれ。東京大学文学部卒業。現在，東京大学名誉教授，帝京大学中学校・高等学校校長補佐。文学博士。専攻は認知心理学，教育心理学。とくに，認知理論に基づいた学習過程の分析と教育方法の開発をテーマとしている。著書に，『考えることの科学』（中公新書），『学ぶ意欲の心理学』（PHP新書），『勉強法が変わる本─心理学からのアドバイス─』（岩波ジュニア新書），『学力低下論争』（ちくま新書），『学ぶ意欲とスキルを育てる』（小学館）ほか。文部科学省中央教育審議会教育課程部会委員。

新学習指導要領対応

教えて考えさせる授業 中学校

2012年4月20日　初版第1刷発行　［検印省略］
2020年1月15日　初版第4刷発行

編　著	Ⓒ市川伸一
発行人	福富　泉
発行所	株式会社 図書文化社
	〒112-0012　東京都文京区大塚1-4-15
	TEL 03-3943-2511　FAX 03-3943-2519
	http://www.toshobunka.co.jp/
	振替　00160-7-67697
装　丁	中濱健治
組　版	株式会社オルツ
印　刷	株式会社厚徳社
製　本	株式会社厚徳社

JCOPY ＜出版者著作権管理機構　委託出版物＞
本書の無断複製は著作権法上での例外を除き禁じられています。複製される場合は，そのつど事前に，出版者著作権管理機構（電話 03-5244-5088，FAX 03-5244-5089，e-mail: info@jcopy.or.jp）の許諾を得てください。
乱丁，落丁本はお取替えいたします。
定価はカバーに表示してあります。
ISBN978-4-8100-2608-5 C3037